三上文法から寺村文法へ

日本語記述文法の世界

益岡隆志

『三上文法から寺村文法へ―日本語記述文法の世界―』

まえがき

はじめに、本書を書くことになった経緯を記しておく。私は一九七八年以来四半世紀、日本語文法研究に身をおいてきた。その間、自分がめざす方向がどのようなものなのかを考え続けてきた。ようやくその方向が見え始めたのは八十年代半ばのことだった。そのような過程において光を与えてくれたのが、寺村秀夫と彼の師である三上章だった。その後、この二人の日本語文法研究者が何をなしたのかを折りに触れて考えてきた。二人がいかなる目標のもとにどのような方法で日本語文法研究に立ち向かったのか、その結果得られた文法体系はどのようなものであったのか、さらに、両者の文法研究にはどのようなつながりがあったのかということを。本書はこうした問題に対する現在の私の答案である。

本書は私の三上・寺村論―より正確に言えば、日本語文法研究者としての三上と寺村を論じたもの―である。二人の文法論を「三上・寺村文法」と呼ぶことにする。もとより、本書は正統的な研究史の書とは言えない。正統的な研究史であるためには、その方法論と関連文献に通じる必要があるが、研究史家ではない私はその条件を満たしていない。私の力の及ばない、正統的な学説史としての三上・寺村論は次の世代に委ねたい。本書がそのような本格的な研究史が書かれるための礎となれば幸いである。

本書は、「日本語記述文法の世界」という副題を持つ。この副題をつけたのは、三上と寺村の文法研究を「日本語記述文法研究」（と私が呼ぶもの）のモデルと見たからである。本書を通じて、「日本語記述文法」というものがいかなる研究分野であるのかということについても、今の私の考えを述べてみたいと思う。この問題を考察することは、私自身の研究実践にとっても重要な意味を持つ。本書をお読みくださる方々が日本語記述文法研究とはいかなる文法研究であるのかをいっしょにお考えいただけるなら、望外の幸せである。

目次

プロローグ　日本語記述文法と三上・寺村文法

一節　現代日本語文法の研究

日本語文法研究は古典語を対象として始まった。同時代語が対象となるのは大まかに言って二十世紀になってからである(ただし、外国人による研究は別である)。それは、日本語研究が文献研究に源を発するからである。同時代語(すなわち、我々の時代で言えば現代語)が研究の対象になるにはそのような研究を促す状況が必要である。日本で現代語研究が本格化したのは新しい価値観が生まれ出た戦後、つまり二十世紀後半のことだった。

現代の言語生活を明らかにしようとする国立国語研究所が設立されたことは、そのような時代の変化を象徴的に表すものだった。渡辺実『日本語史要説』(岩波書店、一九九七)は、戦後になって現代語研究が可能になった時代的雰囲気を「あとがき」で次のように書いている。

国語学とは国語史研究のことである、とする風潮のあった時代に、私は大学生になったのだが、入学直後に敗戦となり、従前の権威あるもののすべてが崩れる中で、国語学即国語史研究という伝統的自己規定も、その自明らしさを失い始めた、と思う。卒業までの間に、私が現代日本語の文法現象に興味をひかれて行った背後には、そういう時の流れがあったのではないか、という気がする。

現代語研究が盛んになる状況のもとで、文法研究の世界でも現代語文法に対する関心が高まることになる。

そのような現代語文法の研究が大きな進展を見せたのが七十年代前半だった。この時期に、後の時代に影響力を持つことになる多数の単行本がいっせいに世に出た。例えば、渡辺実『国語構文論』（塙書房、一九七一）、宮地裕『文論』（明治書院、一九七一）、鈴木重幸『日本語文法・形態論』（麦書房、一九七二）、久野暲『日本文法研究』（大修館書店、一九七三）、南不二男『現代日本語の構造』（大修館書店、一九七四）、奥津敬一郎『生成日本文法論』（大修館書店、一九七四）などである。

七十年代前半が日本語文法研究の転換期になったのはどのような理由によるのだろうか。それについては、新しい言語研究の波が押し寄せてきたことと日本語教育の大きなうねりが作用したものと考えられる。新しい言語研究の影響というのは言うまでもなく、チョムスキーが創始した「生成文法」である。本国アメリカでは六十年代から言語学界に革命的な影響を与えたのであるが、日本語文法研究にその影響が本格的に及ぶのは七十年代前半である。『月刊言語』（大修館書店）の創刊はそのような新しい時代を画するものだった（ちなみに、二巻二号に日本語文法関係の特集（「日本語の深層」）があり、寺村も論考を寄稿している）。

もう一つは、日本語教育の世界の動きだった。戦後再出発した日本語教育は一九六三年に専門家の集まりとしての「日本語教育学会」を立ち上げた。その後留学生の増大に伴い、七十年代に入ると日本語教育という分野の存在は多くの人々の注目するところとなった（関正昭『日本語教育史研究序説』（スリーエーネットワーク、一九九七）参照）。日本語教育の専門性が高まるなかで、文法の仕組みの解明に対する要求も強まった。このような要求にこたえるべく、関係者の努力が払われることになる。そのような事情が日本語文法研究に新しい刺激を与えることになった。それまでは問題にされなかった現代日本語文法の仕組みの細部を解き明かす必要が生じたのである。

ちなみに、二十一世紀の初頭である現在は七十年代前半につぐ日本語文法研究の大きな転換期ではないかと思われる。二〇〇〇年末に「日本語文法学会」が設立されたことは、そうした新しい時代の到来を感じさせるに十分である。新学会の設立のために開催された大会の会場（京都教育大学）で、私は時代の新しい動きを肌で感じたものだった。本書を執筆することになった理由の一つには、このような時代のうねりに背を押されるということがあった。

話を進めるために、ここで、日本語文法研究の現状を概観しておこう。ごく概略的に言えば、日本語文法研究の主たる流れは三つに分けることができると思う。第一に、国内の伝統を受け継ぐ流れ、第二に、海外の言語研究の影響下にある流れ、そして第三に、そのどちらにも属さないもう一つの流れ。第一の流れは、「国語学」という国内に長い伝統を持つディシプリンにおける文法研究であり、第二の流れは、「言語学」という、これまた確立されたディシプリンにおける文法研究である。これに対して、第三の流れは、学界での認知が遅れた、現代語(すなわち、日本語話者の母語)を対象として具体的な言語事実の観察を重視する文法研究である。本書では、この流れを「日本語記述文法」と呼ぶことにする。

日本語記述文法研究の系譜がどこまで遡れるのかは本格的な学説史(研究史)のテーマであり、私の力の及ばないところである。ここでは戦後に限定して、その主な流れに触れておきたい。その一つは、奥田靖雄(一九一九―二〇〇二)をリーダーとし、鈴木重幸や高橋太郎などがメンバーである「言語学研究会」の流れ、もう一つは南不二男の研究の流れ、そして、もう一つが三上章(一九〇三―一九七一)から寺村秀夫(一九二八―一九九〇)に受け継がれた流れである。このうちの三上―寺村の流れが本書の考察の対象である。先に述べたように、三上から寺村へという文法研究の系譜を「三上・寺村文法」と名づけることにする。言語学研究会と南不二男の文法研究については本論で話題にすることがあるので、このプロローグではその紹介は省略したいと思う。

二節　日本語記述文法とは何か―その目標と方法―

三上・寺村文法と日本語記述文法とのかかわりを考える前に、日本語記述文法とは何か、その目標と方法はいかなるものであるのか、ということについて述べておきたいと思う。日本語記述文法の特徴を考えるための糸口は寺村秀夫『日本語のシンタクスと意味I』（くろしお出版、一九八二）の以下の文章に見出される。

本書で考えようとするのは、このように、日本語を身につけた者―いわゆるネイティブ・スピーカー―が誰でも，知っている，こと、つまりいろいろな文が、一定のきまりによって結びついている、そのきまりはどういうものであるか、ということと、そのようなきまりによって部分が結びついたとき

の、その結びつきがもつ意味はどういうものかということである。（pp.一四―一五）

この引用した文章で注目したいのは、日本語の文における形式と意味の相関に関する母語話者の言語知識を解明するという点である。寺村秀夫がこのような目標を立てたのは、生成文法に接したことと日本語教育の実践にかかわったことに起因するものと思われる。私はかつて『寺村秀夫論文集Ⅱ』（くろしお出版、一九九三）に添えた「解説」で次のように書いたことがある。

言語研究と日本語教育の実践と言うと、一見したところ、相互に離れたところにあるように感じられるかもしれないが、文法研究という観点からすれば、驚くほど密接な関係が見出されるのである。生成文法はその誕生以来、変貌を重ねながらも言語研究における一大潮流を形成し続けてきているが、この学説の特徴の一つは、母語話者の言語知識に目を向けることにあった。母語話者が無意識のうちに獲得した言語の仕組みがどのようなものであるのかを解明することが、その目標の一つであったわけである。（中略）

そして、このテーマは、実は、日本語教育においても避けて通れない問題となるのである。日本語学習者が習得しなければならないのは、日本語の母語話者にとっては当り前の存在である日本語の仕組みである。この仕組みは当人にとってみれば、あまりにも当り前過ぎる存在であって、日常的な状況では問題意識の外にある対象である。（中略）

このように、母語の構造に対する問題意識は、生成文法と日本語教育という一見交わるところがないかに見える二つの領域を底のところで結びつけているわけである。そして、これら二つの領域のいずれにも、寺村は深くかかわっていたのである。（pp.三四五—三四六）

私のこうした見方は現在でも基本的に変わりはない。寺村のこのような文法研究の方向性に後続の多くの研究者が共鳴したのであった。このような、日本語母語話者が持っている表現の形式と意味の相関の仕組み（その具体的な体系）を明らかにしようとする分野を「日本語記述文法」と呼ぶことにしよう（「記述文法」の名のもとに、現代語（母語）だけでなく古典語（非母語）にも等しく目を向け、両者を対照しようとしている近藤泰弘『日本語記述文法の理論』（ひつじ書房、二〇〇〇）も参照のこと）。

私は日本語記述文法を特徴づけるために「日本語記述文法の新たな展開をめざして」(『月刊言語』二〇〇二年一月号)で四つのキーワードを立てた。それらは「包括性」、「体系性」、「明示性」、「実用性」である。これらについての拙論での説明を再掲しておく。

包括性というのは、規則性をできるだけ広範囲に拾いあげようというものであり、「全体性」と言い換えることもできる。すなわち、部分的な記述であってはならないということである。

体系性というのは、記述された内容が内部矛盾を含まず全体として首尾一貫した形で組織化されるということである。このような条件を満たすことにより、日本語記述文法は一つのシステムを構成することになる。

明示性というのは、表現の形式と意味の相関を記述する言葉が母語話者の直感に頼らなくても理解可能であるということ、言い換えれば、非母語話者でも理解可能な客観性を備えるということである。このような条件を満たすことにより、日本語記述文法は母語話者の世界に閉じこもることを免れることが期待されるのである。

実用性というのは、文法研究以外の分野への応用可能性を重視するということである。具体的には、日本語教育などの語学教育の分野や情報工学(自然言語処理)の分野への応用可能性ということである。これは文法研究の社会的貢献という側面に関わると言ってよいであろう。（p.八六）

日本語記述文法を特徴づける別の角度からの説明としては、記述言語学と理論言語学の関係を見るものである。とりわけ、アメリカにおける記述言語学と理論言語学の発展の歴史が参考になる。詳しくはエピローグで述べることとして、概略を言えば、理論言語学は記述言語学を克服するものとして説明理論を提供しようとしたということである。その急先鋒がチョムスキーだった。チョムスキーは母語話者の言語能力を根底から説明する理論の構築をめざした。チョムスキーが提唱する生成文法理論がきっかけとなってアメリカを中心に理論言語学の研究が花開くことになる。

しかしながら、理論言語学の登場によって記述言語学が完全に姿を消したとは、私は考えない。理論言語学の登場を経験して記述言語学が新たな装いで研究の場を広げていることを忘れてはならない。「新記述言語学」とでも呼ぶべき研究の展開である。新しいタイプの言語類型論などはそうした新記述言語学の実践事例である。日本語記述文法は、生成文法に代表される理論言語学研究の一環としての日本語文法研究とは一線を画した独自の位置を占めるものである。新記述言語学に対応する「新記述文法」とでも呼ぶべきものである。

それでは、日本語の表現における形式と意味の相関に関する母語話者の言語知識（その具体的な姿）を明らかにするにはどのような方法を採ればよいのだろうか。まず考えられるのは、実際に使われている具体的な表現の中から規則性を見つけ出していくという方法である。身近な使用状況、つまり具体的なデータを重視するというやり方である。データには実例と作例がある。実例とは現実に使用されたものであり、作例とは分析の目的に合わせて人工的に作成されたものである。実例は現実をよくつかむのに適しているし、作例は仮説の検証などに有効である。実例がよいか作例がよいかという点をめぐってよく議論になることがあるが、データとしてはどちらも利用されるべきである。実例だけでは決め手に欠けることが多いし、作例だけでは偏向する可能性がある。実例であれ作例であり、活用できるものは最大限活用し、よりよい文法構築をめざすべきである。私自身の経験でも、実例が分析のためのよいヒントを与えてくれたこともあったし、作例によって有効な分析にたどり着いたこともあった。

三節　日本語記述文法と三上・寺村文法

日本語記述文法とは何かを見たところで、次に、三上・寺村文法が日本語記述文法の一系譜をなすということを指摘したいと思う。このことは、まさに本書のテーマそのものであり、とりわけ、第三部で二人のあいだの系譜性を取り上げることになる。ここで結論を先取りして言うと、二人の関係は、三上が日本語記述文法（特に文論）というフィールドを開拓し、その大枠を定めたところで、寺村がその中身を発展・充実させ、このフィールドを学界において確立したということである。

この二人に先行するのは三上の師だった佐久間鼎である。三上は佐久間の日本語文法研究に傾倒し、「入門」（略年譜に依る）したのであった。三上は佐久間のどこを評価したのだろうか。この点を解明するには佐久間の日本語文法研究についての深い理解が必要である。佐久間の研究を十分に読み込めていない現在の私にとっては荷が重すぎる課題であるので、詳しくは今後の検討に譲ることとして、ここでは簡略ながら、次の四点を挙げるにとどめたい。

第一に、佐久間が現代語プロパーの研究者だったということ。佐久間以前では程度の差はあるものの、文法研究者は古典語にも目を配ったのであった。むしろ、多くの文法研究者は古典語中心だったと言ったほうがよい。三上は――そして寺村も――現代語プロパーの研究者だった。その点、三上にとって佐久間は研究を進めていくうえでのよいモデルになったはずである。佐久間の最初の二つの著書には「現代日本語」という名称が冠されているし、三上の最初の二つの著書にも「現代語」という名称がつけられているということに注目したい。寺村の主著『日本語のシンタクスと意味』に「現代語」という名称が見られないのは、時代の違いを反映しているものと思われる。寺村の時代になると、「現代語」と断る必要はなくなっていたということである。

第二は、佐久間が語(単語)よりも「構文」を重視したという点である(『日本語の言語理論的研究』(三省堂、一九四三)など参照)。佐久間以前は文中心ではなく、語中心だった。言い方を換えると、「語論」中心の文法ではなく「文論」中心の文法を考えたということである。三上も「構文」を重視し、日本語の「構文論(シンタクス)」の樹立を唱えたのであった。三上の博士論文は『構文の研究』と題されている。三上がいかに「構文」を大切に考えたかの何よりの証拠である。三上以前で構文の重要性を訴えていたのは佐久間以外にはいなかったと思う。ついでに言えば、文論中心という点は寺村も同様である。寺村はさらに徹底していたと言ってもよいだろう。

第三に、佐久間は先行する学説にとらわれることなく、現実の生きたデータに目を向け自由な発想で文法を考えようとした。このような姿勢に三上は共感したはずである。三上も先行研究にとらわれることなく、現実の日本語を見つめつつ思索を深めていった（『新訂現代語法序説』（刀江書院、一九五九）に「先入見（むろん、特に主述関係）を捨てて、日本語の現実をよく見なければならない」（p. 六三）とある）。そして、そこから独創的な成果が生まれ出た。実際のデータを大切にして自由に発想するという点も、寺村に引き継がれている。このことは、佐久間、三上、寺村が日本語文法研究の主流の外に身を置いていたことと無関係ではないだろう。

第四に、佐久間は日本語を深く知るには他の言語を視野に入れること、具体的には他言語と比べてみることが必要であると考えた。現代の言い方では対照研究の観点を取り入れるということである。三上も日本語の文法を英語などの外国語の文法と対照することの重要性を十分認識していた。彼の主語否定論は、このような対照研究の観点の存在を見逃すと、その論点が十分には理解できないと思う。三上が日本語だけを見ていたら、主語否定論が提起されることはなかったことだろう。こうした対照研究の観点は寺村においてさらに顕著になる。寺村は日本語と諸外国語との対照研究の推進者だった。

それでは次に、三上・寺村文法が二節で述べた日本語記述文法に該当するものであるという点の説明に移ろう。

まず、三上文法と寺村文法が日本語の表現における形式と意味の相関を組織的に記述する文法であり、より具体的には、文を対象とする「文論」としての記述文法であるということを指摘しておかなければならない。三上と寺村は豊富なデータの観察に基づき、思弁的・原理論志向的ではなく具体的・実質的な分析を積み重ねていった。三上は「シンタクス」あるいは「構文論」という名称を繰り返し用いているが、三上のいう「シンタクス」は現在一般に考えられている、意味を排除した狭義の構文論(統語論)ではなく、かなりの程度に意味の領域に踏み込むものである。事実、三上自身も『文法教育の革新』(くろしお出版、一九六三)の四八頁で「文論」という用語を使用しているのである。

寺村は主著のタイトルに「シンタクスと意味」という表現を用いている。寺村の時代になると、統語論と意味論は互いに独立した分野となったために、「シンタクスと意味」という用語法になったものと思われる。また、前節の冒頭で『日本語のシンタクスと意味Ⅰ』から引用した箇所を見れば、寺村の文法が文論に相当するものであることは明らかである。

続いて、前節で挙げた「包括性」、「体系性」、「明示性」、「実用性」について見てみよう。「包括性」については、三上も寺村もそれをめざしていることは明らかである。実際にどこまで包括的なものが書けたかということではなく、そのような目標を設けるかどうかということをここでは問うている。考察範囲(対象)を限定することによって整然とした文法を書こうという発想は三上にも寺村にもなかった。たとえ少々雑然としたものになったとしても、できるだけ広範な文法事象を取り込もうとしているのである。

「体系性」も疑いなく存在する。詳しくは一部三章と二部三章で見ることにするが、二人の文法はどちらもきわめて体系的である。寺村が体系的な文論を提示しようとしたことはよく知られていると思うが、三上も一般に考えられているところとは異なり、実に体系的な文法を書いたのであった。博士論文『構文の研究』をよく読めば、三上の文法が体系的な文論であることに気づくだろう。本書で「三上文法」、「寺村文法」という名前を冠するのは、二人の文法が体系的であるということをはっきりと示したいからである。

「明示性」について言えば、寺村の文法記述が明示的であることは説明するまでもないだろう。寺村の明示性は日本語教育の実践から来るものである。日本語教育に真剣に取り組んだ寺村が明示的な記述を心がけたのは当然である。その点では、日本語教育や国語教育の実践経験がない三上が寺村ほど明示的でないのはやむをえないこととも言える。しかしながら、三上は具体的なデータを数多く用いる手法を採っており、思弁的な論述に終始するといった箇所は見当たらない。この意味において、三上文法にも明示性が保たれているというのが私の見方である。三上の書いたものが一般に読みやすくはないということは承知しているが。

最後に「実用性」であるが、寺村は『日本語のシンタクスと意味I』のなかで、自分の文法は「実用文法」であると宣言している(p.十五を参照)。寺村のいう実用文法が日本語教育の世界に向けられていたことには疑いの余地はない。一方、三上は実用的なシンタクスを書くことが目標であると自ら述べている。三上のいう実用的な文法が国語教育に向けられていたことは『文法教育の革新』(くろしお出版、一九六三)などが書かれていることで証明できるが、三上の目がなぜ国語教育に向けられたのかは、今の私には解けない謎の一つである。三上は国語教育にかかわったわけではなかったのだから。

一部　三上文法をめぐって

一章　三上文法の展開

一節　はじめに

それでは、これから三上文法をめぐって考えていくことにする。まず第一章では、三上の文法研究の展開を時系列に沿って見ていくことにしよう。四十年にわたる三上の文法研究の足跡を概観するには、いくつかの期に区切るのが適当だと思う。ここではそのような考えのもとに、第一期から第四期までに分けて三上の足跡をたどることにする。まず大きくは、前期と後期に分かれる。そのうえで、前期と後期をそれぞれ二期に分け、全体を第一期、第二期、第三期、第四期に分割する。具体的には、第一期を一九三〇年頃から四二年まで、第二期を一九五三年まで、第三期を一九六三年まで、第四期を一九七一年までとする。

二節　第一期

一期の最後を一九四二年としたのは、この年に最初の論文「語法研究の一提試」が発表されたからである。デビュー論文がその研究者のその後の歩みを定めることは珍しくないが、特に三上の場合、最初の論文の重要性は決定的である。と言うのは、三上文法のエッセンスがこの論文に書かれているからである。その意味で、三上文法は第一期にその基本が確立したと言ってよい。

問題は、三上がいつ頃から日本語文法の研究を開始し、どのようにして最初の論文に到達したのかという点である。このことについては、三上自身はほとんど語っていない。唯一『文法小論集』(くろしお出版、一九七〇)のなかで、主語否定論を考えるようになったきっかけについて語っている次の文章が手がかりになる。

私がこの問題に気づいた最初は、ゴーゴリの短編「狂人日記」(C. Garnett 夫人英訳)を読んで、次の個所に達したときであった。スペイン国王失踪のニュースを気にしていた、ロシアの小役人がいよいよ発狂した当日の日記である。

(中略)

斜字体の一文を直訳すると、

私がその王様なんだ。

ここで、”私は“の場合は後まわしするとして、この”私が“は主語ではない。補語だ！と私は心中に叫んだ。およそ40年前、,30年ごろのことである。当時、私が”主語“をtopicの意味に取っていたことは言うまでもない。

(pp. 七〇 - 七二)

三上のこの記述を受けて、寺村は『続・現代語法序説』(くろしお出版復刊、一九七二)所収の「解題」のなかで、最初の論文で提示された三上の考えが短期間に成立したものではないとして、次のように述べている。

この挿話は、ミカミ文法の原型「語法研究への一提試」が、本人の言う「佐久間鼎先生に入門、日本文法の研究を始めた」一九四一年から一年そこそこで成っただけのものでは実はないことを物語る。とはいうものの、この頃のミカミさんは、まだ「批評は何処へ行く？」というような小林秀雄ばりの芸術批評論をものしてみたり（『思想』に入選、一九三〇年十二月号に掲載、筆名早川鮎之助）、西洋古典語に首をつっこんでみたり、また一九四〇年には、『技芸は難く―風刺―』と題するかなり大部（二二三ページ）の哲学的随想を、加茂一政というペンネームで自費出版してみたり、といった調子で、特に日本文法だけに精力を傾けていたようすは見られない。もっとも、先に「狂人日記」の一節がヒントとなった、日本語の主語の問題が、自分の徹底的な取りくみを待ち望んで心の中に坐っていることは、常に意識していたにちがいない。（p.二三六）

デビュー論文に三上文法のエッセンスがあますところなく描き出されていることから見て、三上の文法研究の開始時期は少なくとも一九三〇年頃に遡るものと考えてよいと思う。この推測が正しいとすると、三上は一九三〇年頃から独学で日本語文法について思索し、十数年で最初の論文にたどり着いたことになる。もっとも、この時期は芸術論である『技芸は難く』その他が書かれる時期であり、文法研究が三上の関心の中心を占めていたわけではなかったと想像される。

三上が最初の論文を書くきっかけになったのは、三上自身の言葉によれば、佐久間鼎の『日本語の特質』（育英書院、一九四一）を読み、佐久間に師事することになったことである。そこで以下に、『日本語の特質』のなかで三上が共感したと思われる箇所を三箇所だけ引用しておこう。

> 専門家の言葉に徴しても、日本語の文の論、文章法（シンタクス）は、まだ不備だといふことが明かです。（p.二三九）

> この点に関連して、特に注意を促したいと思ふことがあります。これは、こゝで立入つて説くわけにもいかないと思ひますが、少し触れておかずにはゐられない気がします。
>
> といふものは、ヨーロッパの言葉の成立といふものを吟味することに心を用ゐないで、そこから出てくるやうな思弁の結果を、そのまゝ受入れるとい

ふ風にも見える、日本人の思索上のヨーロッパ重視の傾向です。（p.二六九）

「総主」といふものゝ存立の認定から端を発した問題などは、まさしく西洋流の考へ方では行きつまるはずのものなので、どうしても日本語の事実に即してしつくりした解決を見出すことをつとめなくてはならないものです。（p.二七二）

佐久間の知遇を得て三上が一九四二年に書いたデビュー論文の内容はどのようなものだったのか。まず指摘しておかなければならないことは、当時の研究状況から見て非常に独創的なものではあるが、独学であるにもかかわらず、先行研究には十分目配りしていたということである。現代語文法を扱った山田孝雄『日本口語法講義』（宝文館、一九二二）、松下大三郎『標準日本口語法』（中文館書店、一九三〇）、佐久間鼎『日本語の特質』に言及している。

さて、この論文には二つの重要なテーマが含まれている。一つは主述関係を否定し代わりに題述関係を認めるという主語否定論であり、もう一つは述語(動詞)の活用論である。まず主語否定論であるが、この見方は文が「不定法部分」と「決まり」で構成されるという考えから出てくるものである(ちなみに、文構成に関するこの考えは同時期に時枝誠記が提唱した「入子型構造」と通じ合うところのある独創的な着想である)。三上によれば、日本語では主格(〜ガ)は不定法部分の内部に位置する補語であり、主語とみなすことはできないという。ここで注意すべきは、三上の主語否定論は、類型論的な観点から立論されたものであり、日本語だけを見ているわけではないという点である。日本語だけを見て主語を定義しようとすると、三上の論点は見えにくくなってしまう。三上の主語論と同時代の主語論とがかみ合わなかった大きな理由がここにある。

　主語が否定される以上、残るは述語ということになり、構文の研究にとっては述語の機能を検討することが何よりも重要であると三上は見る。そして、述語の機能の検討の基礎をなすのが活用の問題であると言う。それがこの論文のもう一つの柱である。日本語の動詞については、陳述形(定形)と非陳述形(非定形)の区別が明確ではない。ここから、後に提案されることになる単式と複式の違いという問題意識が生まれることになる。このテーマは、この段階ではまだ十分明確な形を取っていないものの、それ以後、三上の独創的な構文論を支える見方に発展していくことになる。なお、この論文で動詞の活用体系が提案されているが、この活用体系は基本において最後まで変更されることはなかった。

三節　第二期

二期は、『現代語法序説』(刀江書院)が刊行される五三年までの約十年間である。『現代語法序説』はデビュー論文に示された基本構想を肉付けして文論の体系化をめざそうとしたものであり、一般には三上の主著とみなされてきた。私はこの著書を三上の「表の主著」とでも呼んだほうがよいのではないかと思っている。と言うのは、三上の真の主著は三上自身は公刊しなかった博士論文『構文の研究』(二〇〇二年にくろしお出版から刊行された)であると考えるからである。公刊されなかった以上、これを主著とは呼べないので、「隠れた主著」と呼ぶことにしよう。

それでは、表の主著たる『現代語法序説』とはどのような著作だったのだろうか。まず先行研究としては、大槻文彦、山田孝雄、松下大三郎、橋本進吉、佐久間鼎に、三上と同世代である時枝誠記が加えられ、主要な文法家が網羅されている。全体は一章から四章までの四部構成になっている。第一章では、シンタクス(文論)の分析の準備として、品詞の問題を基本にして語論を展開している。三上文法では語論は文論を支えるものという位置づけである。したがって、語論のための語論ということではなく、どのような語論を用意すれば文論が構築できるかという方向性を持つ。語論については、二年後に刊行された『現代語法新説』(刀江書院、一九五五)のなかでより一般的な立場から検討が加えられている

(ついでに一言加えると、『現代語法新説』のねらいがどこにあったのかについては慎重な吟味が必要である。三上が出した単行本のなかで、『現代語法新説』はどのような著作意図(目標)を持つものかが最もわかりにくいものである。「新説」と名づけたのには日本語文法の見直しという意図があったのだろうか)。

先に触れた、デビュー論文で提出された二つのテーマはそれぞれ二章と三・四章で発展的に取り扱われている。まず二章では、日本語の文は主述関係ではなく題述関係を基本として構成されるという主語否定の主張が詳しく論じられている。なぜ主述関係が成り立たないのかの理由を具体的に示すとともに、「〜は」を詳細に分析し、日本語において「題述」の概念がいかに重要であるかを力説している。三上の主語否定論が、①主題(題目)肯定論であるという点と、②どれだけの言語事実を首尾よく捉えることができるかという実績主義に基づいているという点に注意したい。

三章と四章では、シンタクスの建設に向けて述語(動詞)の活用形の機能を考察したうえで「単式」・「複式」(後者はさらに「軟式」・「硬式」に分けられる)などの文法概念を提案し(3章)、活用形同士の係り係られの様式を見出そうとするなかから広範な言語事実を発掘する(4章)。三章と四章の関係がわかりにくいという欠点はあるものの、単式・複式のような分析には三上の一般化志向が認められる(この点については、次章でもう一度話題にする)。また、さまざまな言語事実—例えば、テンスとアスペクト—を掘り起こすことにより、文法研究が取り組むべき具体的な課題を数多く提出したことも評価されてよい。

四節　第三期

三期は『日本語の論理』、『文法教育の革新』、『日本語の構文』(いずれも、くろしお出版)が刊行された六三年までの十年間である。私はこの期に三上の文法体系が確立したと考えている。最終的な完成とまでは言えないにしても、一九五九年に書かれ翌年それによって学位を得た博士論文『構文の研究』で一つの体系に行き着いたと見るのである。つまり、『構文の研究』は三上文法の頂点をなすというのが私の見方である。不思議なことは、三上がこの博士論文を公刊しなかったという事実である。三上の考えがどうであったのか私には推し量ることはできない。公刊しようと思えばできたはずであり、そうしなかった理由が私にはよくわからないのである。それはともかく、『構文の研究』が三上の「隠れた主著」であるという点は動かない。

この時期に書かれたもののうちで『構文の研究』の他に注目すべきものとして「基本文型論」(一九五八、『三上章論文集』(くろしお出版、一九七五)所収)を挙げておきたい。詳しくは次章で述べることにするが、この論文では文構造に四つの階層を認めることができるという、文の階層構造の見方が提出されている。また、三上がこの時期にテニエールとブロックの研究に注目していることも注意されてよい。特に、いち早くテニエールを評価している点は三上の批評眼の確かさを証明するものである。

『構文の研究』の内容については三章で詳説するので、ここでは立ち入らないことにする。この期に刊行された単行本のなかでは『象は鼻が長い』の世評が高い(この書は三上の著作のなかで最もよく知られている)のであるが、私は『象は鼻が長い』に負けず劣らず『日本語の構文』が重要であると考えている。それは、日本語文法研究に対する三上の貢献には、分析方法の提示ということに加えて、広範な言語事実を発掘し文法研究の裾野を広げるということがあったからである。『象は鼻が長い』が重要なのは、その優れた分析方法のためであり、『日本語の構文』が重要なのは、数多くの具体的な研究課題を後代の研究者に提示しているためである。私は問題提起者(問題を見つけ出す人)としての三上を高く評価したい。

五節　第四期

四期は一九七一年までの晩年の時期である。この期は「回想期」と呼んでよいかと思う。新たな研究の展開はあまり見られず、主語否定論をより言語学的な観点から捉えなおすことに専念している。そして、この期は三上が生成文法と出会った時期でもある。生成文法に最初に言及したのは「存在表現をめぐって」(一九六七)である。特に、フィルモアの格文法には親近感を覚えたようである。それもそのはずで、文が深層において命題(proposition)とモダリティ(modality)の二大要素で構成されるとするフィルモアの見方は、文を「コト」と「ムウド」からなるとする三上の見方に通じるところがある(ちなみに、『格文法の原理』(三省堂、一九七五)に寄せられたフィルモア自身の序文によれば、フィルモアは格文法の開発当時には三上の文法研究を知らなかったとのことである)。

三上が生成文法に共感した理由として主に二つのことが考えられる。一つは生成文法がシンタクス(文論)中心だったこと。もう一つは生成文法の分析方法が三上の分析方法に類似するところがあったこと。とりわけ、主語否定論を展開するなかで考案した提題化(主題化)という操作は、生成文法の変換(変形)の概念に通じるものだった。三上は日本語生成文法を推進していた黒田成幸、井上和子などに注目した。一方、日本語生成文法の研究者も三上に注目した。久野暲が一九七〇年に三上をハーバード大学に招聘したことは象徴的な出来事だった。久野は三上の研究を高く評価し、著書*The Structure of the Japanese Language* (MIT Press, 一九七三)の序文において服部四郎、アルフォンソ、黒田成幸とともに三上の名前を挙げている。

忘れてならないのは、この期に三上が寺村と出会ったことである。詳しく言えば、一九六七年の七月に当時大阪の千里にあった海外技術者協会関西研修センターで二人は初めて会っている。当時の寺村は日本語教育に従事しながら、生成文法を中心とするアメリカ言語学の動向にも注意を払っていた。この時期の三上と寺村の出会いには偶然性を超えた特別な何かが働いていたと見るのは私だけの夢想だろうか。

二章　三上文法の特徴

一節　はじめに

三上は国内の伝統的な日本語研究である国語学における文法研究を飽き足らなく思った。それまでの日本語文法研究の主流が現実の生きた言葉を具体的に分析しようとしなかったということに。古典語に重点を置いたり、また海外の学説の影響のもとに日本語の現実をゆがめて捉えているという問題意識があった。現実の日本語(現代日本語)を直視し、それに合った文法体系を構築しようとする主体性・内発性を重んじたのである。そのような主体性・内発性を主張した同時代の日本語文法家に時枝誠記がいた。時枝もソシュール学説と対決し、日本語に即した独自の文法—さらに言えば、言語学—を樹立しようとした。それでは、三上と時枝の違いはどこにあったのか。一言で言えば、時枝が総論的・原理論志向的であり、言語論をめざしたのに対して、三上は具体的な言語分析のほうに関心があったということである。言語分析を進めるために、三上は分析方法にも強い関心を持った。分析方法に関心を持ったことが晩年に生成文法を評価することになり、生成文法家の側の三上評価にもつながった。そしてまた、三上文法の現代性をもたらしもしたのであった。

この点を踏まえて、本章では三上文法の特徴がどこにあったのかを考えていくことにする。具体的には、三上文法の特徴として以下の七つの点を掲げてみようと思う。それらは、(a)実用文法だったこと、(b)文論中心だったこと、(c)形式重視だったこと、(d)一般化志向があったこと、(e)先見性・現代性があったこと、(f)歴史的所産としての言語という観点があったこと、(g)表現スタイルにおける特異性、の七項目である。

二節　実用文法

第一に、実用文法だったことについて。三上は最初の著書である『現代語法序説』の「後記」で、「私の願いは現代語の実用的なシンタクス一冊を書くことである」と述べている。三上のいう「実用」とは何だったのか。「実用」という言葉は常識的には、何かに役に立つという意味である。だとすれば、三上は何に役立てることを考えていたのだろうか。考えられるのは国語教育である。三上は何度も国語教育―とりわけ、文法教育―に言及している(他に、日本語教育に触れた箇所もある(例えば、『現代語法序説』のp.一四五に「言葉使いの法則を発見し記述した実用文法、かりに外国人に日本語を教えるとした場合に彼等のために役立ちそうな記述」とある)。

『現代語法新説』には次のようなことが書かれている。

高遠難解なsiとziの連続非連続の論議も、それはそれとして学問上有意義であろうが、そして遠い将来には実用化されもしようが、我田引水の希望としては、卑近で実用的な日本文法(学校文法として役立つような)を作ろうとする同志がふえることを願わずにはいられない。(p.二一〇)

また、最後の著書である『文法小論集』の冒頭(p.七)には次のような文章がある。

私(わたし)は文法研究と文法教育とを車の両輪のように考えている。私の場合、文法研究には他日その成果を文法教育に取入れられたいという願いを伴っていた。この願いはほとんど果たされていないが。

国語教育に直接かかわらなかった三上がなぜ国語教育・文法教育に強い関心を持ったのかというのは興味深いテーマであるが、私にはまだこの問題の答えが見つからない。

実用性に関連して、規範性の問題を取り上げておきたい。三上は記述文法の立場に立つが、規範文法の観点を一切排除しているというわけではない。「能動主格」は「中止法」の前後を通じて一貫させるべきである(『現代語法新説』のp.二九三参照)、疑問文を「これで指すべきではない(『現代語法序説』のp.三三四参照)、「が」や「を」は重複すべきではない(『三上章論文集』のp.一八二参照)、といった指摘が少なからず見出されるのである。句読法に対する強い関心も繰り返し表明されている。こうした点を考えると、言語使用における規範性・標準性という三上の問題意識は無視してよいものではない。さらに、三上がローマ字論者だったということも想起される。三上にはプラグマティスト(実際家)の一面もあったことを指摘しておきたい。

先に述べたように、三上は原理論・思弁性志向の思潮に反発し、言語事実の具体的な分析に力を注いだのであった。このような姿勢は例えば、コトとムウドを区分けするときの態度にもよく現れている。「詞」と「辞」という概念に基づいて入子型構造を提唱した時枝誠記の場合と比べれば、三上の姿勢の特徴がよく理解できるだろう。時枝は詞・辞に関する原理論に力を入れるが、三上の場合はそれよりもコトとムウドという区別に基づいた分析の具体的成果を問題にする。論そのものよりも、そこから得られる成果のほうを重視するという意味における実績主義である。

そのような実績主義は主語否定論にも認められる。三上は主語とは何かという原理論に終始したわけではなく、主語論(主語否定論)の観点からどのような具体的な成果が得られるかのほうに関心があった。そのため、主語肯定論のほうでより大きな成果が得られるなら、そちらを採るべきだと考えるわけである。論のための論という立場を三上は取らない。このことを理解しないと、三上の主張を誤解することになるので、注意を喚起しておきたい。

もう一つの例として、活用を挙げることができる。三上は何度も動詞を中心に用言の活用を話題にし、活用表も提示している。ところが、活用とは何かという原理論には深入りしていない。『現代語法新説』において、活用とは何かという問題には踏み込まないという断り書きが添えられてさえいる。当然ながら、このような態度は、原理論を重視する立場からは批判を受けることになる。

三節　文論中心

第二に、文論中心だったことについて。先ほど指摘したように、三上は実用的なシンタクスの構築をめざしていた。三上のいう「シンタクス」は意味の問題を排除するものではなく、「文論」と言い換えても問題ないのであるが、三上はなぜ文論をめざしたのだろうか。それは、三上がそれまでの日本語文法研究は文論に十分手が届いていないと認識していたからである。この認識に対しては、文とは何かを問う文成立論(陳述論)があるではないかと反論する人がいるかもしれない。しかし、文成立論は原理論であり、具体的実質性を持った文論はないと三上は答えただろう。

今の時代では文論中心主義を主張する必要はない。むしろ、文論の先を行く談話・テクスト論の時代であるとさえ言えるかもしれない。しかし、三上の時代ではまだ文論の分析は未開拓だった。だからこそ、三上はシンタクスの建設に向かったのである。最初の著書に「シンタクスの試み」という副題が添えられている点には三上のメッセージが込められていると思う。三上がいち早くテニエールやブロックを評価したのも文論中心主義と関係があるし、生成文法に期待した理由の一つもそれがシンタクス中心主義だったからである。ついでに言えば、先に挙げた実用性重視もこの節で挙げた文論中心主義も、寺村秀夫の文法研究の方向性と一致するものである。寺村もまた、実用的な文論をめざしたのである。

四節　形式重視

第三に、形式重視だったことについて。形式重視という言い方はあるいは誤解を招くかもしれない。ここでは、形式重視と形式主義を区別したい。形式主義というのは外面的な形式だけに考察を限定するというものであり、橋本進吉の文法論(いわゆる「橋本文法」)やアメリカ構造主義言語学がその代表である。これに対して、ここでいう形式重視というのは、表現の形式と意味の相関を追究するために形式に十分な注意を払うということである。この特徴づけのもとで言うと、三上は形式主義ではなく、形式重視である。三上の形式重視の姿勢は『日本語の論理』の以下の部分にうかがわれる。

「主語」は、日本語に一言の相談もなく作られた概念である。だから、これを日本文法に適用するためには、Xガの全部とXハの過半数(それにXモ、Xダケ、Xシカ等々のそれぞれ何割かずつ)を一括するという形式無視を強行しなければならなかった。日本語の形式無視は、日本人の言語心理に対する不法であって、それでは日本文法にならない。そもそも「文法」にならない。(pp.一七四-一七五)

三上が主語否定論を唱えるのは、日本語の「〜は」と「〜が」という形式の違いを大切にしようとすることに発する。同様に、三上は用言の実現形式である「活用」にも目を向ける。ここで注意しなければならないのは、三上は主語論(主語否定論)では西洋の伝統追随に反対し、活用論では逆に西洋の伝統に近く日本の伝統から遠かったという点である。主語を肯定する一方で、活用を日本語に固有と見た多くの日本語文法研究者とは対照的な立場だった。主語否定論だけに注目してしまうと、三上は西洋否定の「土着主義」(桑原武夫の言葉)ということになるだろうが、活用論では日本古来の「活用」の問題を西洋文法の形態論と調和させようとしているのであり、単純に土着主義とは言えない。

これを矛盾と見るのは適切ではない。三上は日本語に見出される形式を大事にし、その形式が何を表しているのかを明らかにしようとしたのである。そうした姿勢が、「は」と「が」については主述関係よりも題述関係を認めたほうがよいという考えに、活用については西洋流の新しい活用体系を構築する必要があるという考えに、それぞれたどり着いたのであり、その点で矛盾はなかった。活用については、三上は初期の時代から活用語尾が「ムウド」として「コト」を包むという発想を持っていた。三上の活用論は活用を文構成のなかで捉えるという、文論中心主義の立場からのアプローチだったのである。

活用の他に、「ヴォイス」、「アスペクト」、「テンス」、「ムウド」などの文法概念が使われているが、これらはいずれも西洋文法の概念の援用である。全体として見ると、三上は言われるほど土着主義的ではない。三上文法が海外により早く受容されたのは、それが土着的というよりは多分に西洋的であったからではないだろうか。ただし、西洋のものをそのまま借用したわけではなく、日本語の現実に軸足を置いていた点は当然ながら、強調する必要がある。こうした点から言えば、三上は土着的というよりも、対照研究的な、あるいは言語類型論的な目で日本語を眺めていたと言うほうが適切だと思う。

次に、形式との関係で意味の問題にも触れておきたい。三上は、「シンタクス」の研究において意味の領域に足を踏み入れてはいるが、意味に関するまとまった考察(つまり、現代の「意味論」)を展開してはいない。それは何よりも、三上の時代には言語研究において意味論が確立していなかったことによる。寺村の時代になると意味論が確立し、その存在を無視することはできなくなるのであるが、三上の時代はそうではなかった。したがって、形式と意味との相関を解明するという言い方をするとしても、三上の場合は形式のほうに軸足を置いていたのである(あるいは、形式のほうから意味にアプローチしようとしたとも言える)。その意味で、三上が自身の文法研究を「シンタクス」と呼んだのは現代の状況に照らしてみても、あながち的外れとは言えないだろう。

構文への関心が強い三上は、博士論文を「構文の研究」と題している。構文への関心は文構造への関心につながり、さらには構造表示への関心に至る。三上は構造表示を「構造式」と呼び、その具体案を提示している。とりわけ興味深いのは、「立木」の提唱である。『新訂現代語法序説』の四章六節にその具体例が示されている。三上が文構造を「木」に例えているのは、生成文法の「木表示(樹形図)」を連想させる。こうしたことも、三上が生成文法のシンタクス研究に興味を持つ一因になったのではないか。

五節　一般化志向

第四に、一般化志向があったことについて。言語事実と向き合う一方で、三上は表面的な観察・記述にとどまるのではなく、その背後にある深いレベルでの規則性を取り出そうとした。久野暲は『三上章論文集』に寄せた「序」のなかで次のように言っている。

旧来の日本文法研究の大部分は、はじめから判っていることを整理して、与えられた文法理論の枠内で提出するという、記述文法的研究の域を出ていない。たとえ、新しいジェネラリゼイションを提出しているとしても、それは、「ああ、そうか」とうなづく程度のもので、「ああ、そうだったのか。これでやっと、この文法事象の底を流れている原理が判った」と、ハタと手を打つような種類のものは少ない。他方、Alfonso 氏と三上氏の研究には、単にデータを見つめ、整理しただけでは到達できないような、意外な、それでいて納得のいくジェネラリゼイションが、次から次へと提出されている。だから、私は両氏の論作を読むと、学問的興奮を覚える。

久野の三上評価を高めたのが三上の一般化への志向性だったことは間違いない。この点に関連して、私は、問題の拡張への志向性とでも言うべきものにも注目している。それは、例えば『文法教育の革新』の、以下に引用する部分において読み取れるものである。

これら正副の重なり方が各文同様であるかどうかはちょっと問題ですが、ここに、総主の問題の正当な拡張を認めなければなりません。「AはBが……」と並んで「AはBを……」や「AはBに……」も成り立つのですから、総主の問題を総主だけの問題と考えるような近視眼では、もはや正しい解決は得られないことになります。（p.二一〇）

三上の一般化志向が具体的に現れている例として、ここでは「コトとムウド」という概念と、述語の係りの強さという概念を見てみよう。「コトとムウド」というのは、文を客観的な事態を表す「コト」と主観的な態度を表す「ムウド」からなるものと見る視座(『日本語の構文』pp.一一六 - 一一七参照)のことであるが、文の構造をこのような巨視的な観点から捉えるというのは誰にでもできることではなく、三上の洞察の深さの現れである。三上のこの見方は寺村に引き継がれ、時枝誠記から渡辺実に引き継がれた文構造観と合流し、現在の日本語文法研究における一つの有力な見方となっている。これに関連して一言追加すれば、三上の考え方の底流には二元論がある。言い換えれば、二元的対立(二項対立)の考え方である。それは、品詞分類にもうかがわれる。三上の品詞分類は、『現代語法序説』の説明にあるとおり、二元的対立の考えが貫徹されている好例である。

次に、述語の係りの強さという概念(『日本語の構文』では「句切りの力」という言い方をしている)に話題を転じよう。係りの強さを、まず大きく「単式」と「複式」に分け、次に「複式」を「軟式」と「硬式」に分けることにより、全体で三式を設けている。この問題は、一般の言い方に従えば「複文研究」に関係するものである。三上自身は単文と複文の区別を否定しているのであるが。

ちなみに、複文研究において三上の三式に類する見方をしているとされるのが南不二男である。南は従属節にA類、B類、C類の三類を立てるのであるが、この三類は三上の三式にほぼ対応しているとされる(寺村も両者の類似性を指摘している)。しかし、私は二人の見方には一つの重要な違いがあると考える。従属節内部にどれだけの要素が現れるかという要素の分布を主に問題にする南の分析が静態的であるのに対して、三上の分析はより動態的である。すなわち、三上は文中の述語の間の係り結び(係り係られ)のあり方、具体的には、係りの結びに対する拘束力(係りが結びをどれくらい拘束するか)と、結びの係りに対する負担力(結びが係りをどれくらい受け止めるか)という双方向の力学的関係(特に前者の「拘束力」)に注目するのである(このような考え方は「構文論の諸問題」(一九五三、『三上章論文集』所収)で初めて明確に打ち出されている)。南が従属節内部の階層性を問題にしているのに対して、三上は述語間の相互的関係を問題にしているという違いを見落としてはいけない。

ただし、付言しておかなければならないのは、「基本文型論」(一九五八、『三上章論文集』所収)で、三上がムウドに三つの「段階」を認め、コトと合わせて文全体に四つの「段階」を認めることを提案しているという点である。三上のこの提案はあまり知られてはいないが、南が提案している文の階層構造に類似した見方である。文の階層構造を問題にしようとする場合、南のモデルだけでなく、この三上の構想も踏まえておく必要がある。

六節　先見性・現代性

第五に、先見性・現代性があったことについて。研究者の業績評価の重要な面は、その人の業績が後の時代を見通しているかどうか、つまり、時代の先取りをしているかどうかという点である。我々にとって自分たちが生きている時代を超えることは至難の業であり、必然的に時代の子となる。しかし、ごく小数の人は同時代を超えて時代に先駆けることができる。これを「先見性」と呼び、現代という時代を見通していたという意味で「現代性」と呼ぶなら、三上の文法研究は先見性・現代性を持っていたと言える。三上の先見性・現代性は大別すると、分析の方法の側面と分析の具体的対象の側面に分けて整理することができる。

まず、分析の方法についてであるが、これには文法操作を開発したこと、分析の根拠を示そうとしたこと、データの使い方を工夫したことなどが挙げられる。このうち、文法操作というのは、ある表現に操作を加え別の表現に置き換えるといったことであり、生成文法の変換の概念に通じるものである。例えば、コトのなかの特定の成分を主題(題目)に据えて有題化する(また、逆に有題の文からコトを取り出して無題化する)といったことである。久野暲や柴谷方良のような生成文法研究者がこの点で三上に注目したのは当然である(久野暲『日本文法研究』(大修館書店、一九七三)、柴谷方良『日本語の分析』(大修館書店、一九七八）参照）。

次に、分析の根拠を示すというのは、ある具体的な分析を提示するときになぜそのような分析を採るのかを、しかるべき根拠を挙げて明確にするということである。このようなやり方を採ることによって、分析を客観化し、対立する説との間での討議をより実りあるものにすることができる。生成文法により一般化された〝argumentation〟というものに相当する。三上以前の日本語文法研究はこのようなやり方を採らなかったので、実質的な討議に発展しにくかったように思われる。

分析の根拠を示すというやり方の一例として、先に取り上げた述語の三式を区別するという分析の場合を見てみよう。三上は、単式、軟式、硬式の三式を区別する根拠を具体的な形で提示している。まず、補語を通すかどうかというテストによって単式と複式を分ける。次に、連体修飾表現の内部に収まるかどうかというテストによって複式を軟式と硬式に分ける。さらに、丁寧化のしやすさというテストを用いて単式、軟式、硬式の区別を補強する。このような具体的な根拠に基づく分析が提示されれば、その分析に反対しようとする者は、反対するための具体的な根拠を示すことが要請されることになる。

もう一つはデータの使い方の工夫ということであるが、これは作例の使用によって文法的な文（表現）だけでなく非文法的な文（表現）を分析に用いるという方法である。非文法的な文を分析に用いるという方法は生成文法が開発した画期的なものだった。非文法的な文を用いる方法の重要性については、久野暲が『日本文法研究』の「はしがき」のなかで次のように述べている。

　人間の生理学的構造を知るためには、病人がどうして病気であるかを調べることが、健康人がどうして健康であるかを調べることと同じ位重要である。それと同じように、言語の構造の本質を知るためには、非文法的な文がどうして非文法的なのかを調べることが、文法的な文がどうして文法的であるのかを調べることと同じ位重要である。伝統的文法は、与えられた文がどうして文法的であるかは説明してくれるが、与えられた文がどうして非文法的であるかは、全く説明してくれないと言ってよい。

久野が指摘しているように、非文法的な文がなぜ非文法的であるのかを追究することにより分析が深まることは間違いないところである。三上は生成文法と同程度ではないにしても、それに先行してこの方法を用いたのであった。

それでは次に、三上の先見性・現代性を物語る具体的な事例を挙げてみたい。それらすべてを紹介する余裕はないので、代表的な事例をいくつか挙げていくことにしよう。以下に挙げる事例の豊穣さと多様性を見るだけで、三上の先見性・現代性は十分に理解されると思う。

第一に、文法的に重要な区別を多数見つけ出している。例えば、所動詞・能動詞の区別がそうである。特に自動詞における区別が問題になる。現在盛んに論じられている「非能格自動詞」と「非対格自動詞」の区別(影山太郎『動詞意味論』(くろしお出版、一九九六)参照)に関係するものである。

敬語法についても三上は先見的であるが、いわゆる「主語尊敬」と「目的語尊敬」に当たる区別(原田信一「構文と意味―日本語の主語をめぐって―」(『シンタクスと意味―原田信一言語学論文選集―』(大修館書店、二〇〇〇)所収)参照)を発見したことは特記されてよい。

三上はまた、「だ」で終わる文にも注目しているが、これは現在「コピュラ文」などの名称のもとに多くの研究者の関心を呼んでいるテーマである。とりわけ「措定文」と「指定文」を区別した点は先駆的であり、「分裂文」と呼ばれる問題にもつながりを持つ。

さらに、三上が指摘した「まともな受身」と「はた迷惑の受身」の違いは現在、直接受動と間接受動の違いとしてよく知られているものである。三上はシンタクスと意味の相関の観点からこれら二種の受動表現を区別した。この受動表現の類型に能動詞・所動詞の区別がかかわると指摘している点も興味深い。

連体修飾における「内の関係」と「外の関係」の区別は寺村秀夫の研究により定着した感があるが、三上は早くにこの区別に気づいている。「結果の連体」という名づけのもとに「魚を焼くにおい」というような表現を話題にしている。

さらに、ムウドを論じるなかで導入された「定言」と「概言」の区別がある。これは寺村の「確言」と「概言」という区別に引き継がれた非常に重要な対立概念であり、現在のモダリティ研究に大きな影響を与えている。

次に、三上が持ち出した「境遇性」という概念は現在のダイクシス研究を先取りするものであり、注目に値する。これに関連して、指示詞の研究でも先見性を示したし、感情形容詞の表現などに見られる主体の人称制限の問題も掘り起こしている。これらのテーマもきわめて現代的であり、金水敏・田窪行則編『指示詞』(ひつじ書房、一九九二)は三上の「こそあ」の研究を高く評価している。

三上が提出している「用言(など)の形式化」という見方は、近年多くの研究者を惹きつけている「文法化」という見方に通じるものである。詳細は次節で取り上げることにするが、三上には言語変化に対する問題意識がある。「形式化」の見方は三上のそうした問題意識をよく反映するものである。

三上はまた、テンス研究にも先見性を見せている。三上のいう「ムウド的テンス」というのは、テンスを表す形式がムード的に使われる現象のことである。見過ごされてきた現象を拾い上げる三上の眼力には特別なものがある。言語感覚の鋭さの現れである。同様のことは、「のだ」という日本語の興味深い表現に鋭いメスを入れている点にもうかがわれる。「のだ」の分析では「結束性」に当たる観点も取り入れられており、いかにも現代的である。さらに、三上の引用に関する分析も、ほとんど分析の対象にならなかったテーマに光を当てる先駆的研究の例である。最近、引用研究は大きな進展を見せているが、このテーマを研究しようとするときは三上の研究を見過ごすことはできないだろう。特に、「と」という形式の持つ文法的性質を考えようとするなら、三上の分析は重要な指針になるはずである。

生成文法研究者の間で論争を呼んでいる数量詞遊離という現象にも三上はいち早く注目し、この現象が名詞の格と深くかかわるということを指摘している(柴谷方良『日本語の分析』参照)。また、三上が「がの可変」と名づけた現象は、現在「が・の交替」という命名のもとで理論言語学の研究のなかで論争が続いている。そもそも三上の名づけからして現代的である。「が」がどのような条件で「の」と交替するかという問題意識が三上にあることに注意したい。理論言語学の研究との関係で話題にすべきもう一つの現象は、「主要部内在型関係節」である。これについては、黒田成幸の研究が契機となっておびただしい量の研究が行われてきているが、三上はこの現象の存在を早くから指摘していたのである。

最後に、省略の法則の分析を取り上げておこう。省略の法則は文論の領域を超えた談話・テクスト論の領域における一大テーマである。談話研究の流れのなかで省略の現象を詳しく分析したのは久野暲『談話の文法』（大修館書店、一九七七）の第一章であるが、三上はそれより早く省略の現象に目を向けている。文論にとどまらず、その外の領域にまで考察の対象を広げようとする三上の視野の広さを忘れてはならない。

七節　歴史的所産としての言語

第六に、言語変化という問題意識を持っていたことについて。三上は日本語話者の母語である現代日本語を考察の対象にした。その意味で共時言語学ということになるのであるが、文法のシステムが時間とともに変化するということ―言い換えれば、現代語は過去からの変化の積み重ねによりもたらされたものであるということ―を強く意識していた。このことは、例えば三上の以下の論述を見れば明らかである。

言葉が浮動し、変化し(外形内容とも)つつあるものである以上、過渡的性格を示す単語もあろうし、品詞と品詞との中間でただうろうろしている状態の単語だってないとは言えない。(『現代語法序説』p.八)

「ノデ」と「ノニ」はほとんどすべての文典で接続助詞とされている。たしかに接続助詞化しつつある過渡的な性質をも持っているので、それがこれらを「ノダ」の活用系列に収める見方に対するいささかの難点をなすことは私自身も承知している。(『現代語法序説』p.二九六)

もうokireru, nereruなどを是認して教科文法に入れてもよいころではありますまいか。同じような形が強変化にも弱変化にもそろうことになりますし、その形の成り立ちも規則的ですから、具合のいい教材になります。(「いわゆる可能動詞」(一九六一、『三上章論文集』所収)

三上が最近の言語研究において話題になっている「文法化」に当たる見方を提出していることにも注意する必要がある。堀江薫は日野資成著『形式語の研究―文法化の理論と応用―』(九州大学出版会、二〇〇一)に対する書評(『国語学』五三巻四号)のなかで、三上の「用言の形式化」に注目し、それが「文法化」に通じる概念であるとしたうえで、三上のいう「品詞くずれ」という概念について「語彙的な意味を有する名詞、動詞といった品詞が、その形態・統語的特徴(の一部)を失い、関係概念を表す助詞、接続詞、助動詞といった品詞に転じる現象を、いわば先取りしたものと言える」(p.一二六)と述べている。

これはある意味で、三上は共時言語学を実践しながらも、通時言語学を意識していたということである。三上がソシュールをどう評価していたかははっきりしないが、ソシュールのいう通時言語学を意識しながら共時言語学に取り組んだわけである。ついでに記しておくと、三上は言語学に造詣が深く、西洋の言語研究をよく知っていた。彼の著作には、バイイ、ブロック、チョムスキー、フィルモア、ホケット、イエスペルセン、マルティネ、マコーレー、メイエ、ペイ、ソシュール、スウィート、テニエール、ヴァンドリエスなどの言語学者の名前が挙がっている。特に、晩年の著作には生成文法学者の名前が多数挙げられている。三節でも述べたように、三上が土着的であるという評価は一面的な見方であると思う。三上は日本語の現実を見極めるために、日本語を諸外国語との比較のなかで眺めようとしたのである。日本語の個性の先に言語の普遍性を見ていたように思われる。この点でも、三上と寺村は同じ思想を持っていたと私は考える。

八節　表現スタイル

最後に、三上の表現スタイルの特異性に触れることにしよう。三上は問題解決よりも問題提起(問題の発見)のほうにより力を入れている。既出の問題に解決を与えることよりも、それまで取り上げられることのなかった問題を提出してフロンティアを開拓しようということである。三上が既出の問題に取り組まなかったというわけではない。長く日本語文法研究者を悩ませていた「総主」の問題などについて、三上は先行研究を整理したうえで自分の解答を提示している。しかし、三上の真骨頂は、新しい問題を発見し提起することのほうにある。シンタクス(文論)研究の必要性を説いたこと自体が問題提起だった。『現代語法序説』の「後記」で三上は次のように言っている。

私が本書の後半で提出し解決に苦しんでいるような方向の問題に対して、多くの努力が払われるのでなかったら、日本文法は何時までもでき上らないだろうと思われる。問題の取上げ方、その処理には、もっと違ったもっとすぐれた方法がありえよう。またそうなくてはならない。しかし、問題の所在は本書にだいたい示したつもりである。

三上は実に問題提起・発見型の研究者だったのである。

そのため、三上の書くものは常に試論的である。『現代語法序説』の副題は「シンタクスの試み」であるが、「試み」という言葉は三上の研究の底流にある特質そのものだろう。三上の文章は緻密・明晰であるとは言いがたく、イマジネーションが豊かなあまりしばしば脱線し、議論の筋が見えにくくなることも少なくない。また、自分で持ち出した用語や概念を丁寧にわかりやすく説明するという点でもしばしば配慮を欠いている。『日本語の構文』などでは、そうした〝三上らしさ〟が随所にその姿を現している。

こうしたことから、三上の文章は難解であるという印象を多くの読者は持つことになるだろう。着想が次々に湧き出てくるところが三上の才能ではあるが、それをわかりやすく提示するまでには至っていない。つまり、三上の論述スタイルは緻密さと明示性に欠けるきらいがあるということである。この面を許容できない人は三上文法に高い評点を与えることはないだろう。逆に、三上のこの面を大目に見て、その着想の豊かさ(自由奔放さ)をよしとする人は高い評点を与えるだろう。三上に対する評価が大きく分かれるゆえんである。『日本語の構文』のような著作がこれまで十分な理解を得ていない理由もここにある。要するに、三上は問題提起・発見型の研究者であり、また着想中心型の研究者であるということである。

三章　三上文法の体系

一節　はじめに

私は先に、「三上文法」という名を掲げたのは三上の文法が体系的であることによると述べた。文法はシステムであるほかない。そして、三上文法は一つのシステムを作り上げているのである。この章では、三上文法がどのような体系を持っているのかを具体的に説明してみたいと思う。

ただし、注意しておかなければならないのは、三上自身は自らの文法の体系性を明示的に述べていないという点である。そのせいか、三上は体系的な文法を提示するには至らなかったというのがこれまでの一般的な見方である。寺村秀夫は「解題」(『続・現代語法序説』(くろしお出版復刊、一九七二)所収)のなかで次のように書いている。

『文法小論集』(一九七〇年)は、ミカミさんの最後の著書となったもの(論文としてはこの後に「主格の優位」という一篇がある)で、『序説』出現以来度々言われながら、一般の期待したような形での〝体系的な〟文法書は遂に書かなかったものの、常に未開の原野に踏み入り、理論的には先端を歩んで来た者の一種爽やかな回顧の調子を帯びている。(p.二四二)

以下に提示するものは、このような一般的な見方とは考えを異にしている。

二節　三上文法の体系性

三上文法の体系性を最もよく顕すのは博士論文『構文の研究』(二〇〇二年にくろしお出版から刊行)である(三上文法の体系性があまり話題にされなかったのは、この博士論文が未公刊だったことと関係があるかもしれない)。ここでは、『構文の研究』を基本として、それに『現代語法序説』などでの論述を加味して、三上文法の体系を描いてみようと思う。

その前に、注釈を三点付けておく。第一に、三上文法は語論を前提とした文論であるということ、第二に、三上文法の文論は単文と複文の区別を否定しているということ、そして第三に、三上文法は周辺的な事象も扱っているということである。

第一の点は、文論を展開するための前提として、それを支える語論が考えられているということである。『現代語法序説』では、一章で「私の品詞わけ」と題して、単語の認定の問題や品詞分類の問題など語論に関する考えのあらましが述べられている。「品詞分けの目標は、辞書編集の間に合うように、またシンタクスの記述に好都合であるように、ということになる。」（p. 六）というのが三上の考え方の基本である。『構文の研究』においても、I章で単語の定義と品詞分類に関する考察が行われている。中心が文論にあるとは言え、語論にもしかるべき配慮がなされていることに注意したい。

第二に、単文と複文の区別を否定しているという点であるが、これは言い換えると、述語(用言)の陳述形(定形)と非陳述形(非定形)を単純に二分すべきではないという考えの結果である。陳述形と非陳述形が明確に二分される英語などの言語では、「節」(clause)と「句」(phrase)の区別に—そして、その結果として単文と複文の区別に—意味があるが、そうでない日本語にはそうした区別を設けることは意味がないと三上は言う。単文と複文の区別を西洋文法から無批判に採り入れていたそれまでの研究に対して三上は批判的だった。

第三の点は、周辺的な事象にも目を配るということだったが、これは文法の対象を狭く限定して整然とした体系を構築するよりも、整合性が多少損なわれようとも、なるべく考察の範囲を広げていこうという三上の基本姿勢の現れである。前章で指摘した問題提起・

発見型としての三上の真骨頂である。敬語法や間投法はそのような周辺的な事象の好例である。ちなみに、敬語法や間投法を体系に含めていない寺村文法はその点で三上文法よりも限定的であると言える。

それでは、いよいよ三上文法の体系を見ていくことにしよう。まず、三上の文論の体系枠はどのようになっているのだろうか。先に述べたように、三上の文法体系がまとまった形をなしているのは『構文の研究』であり、その原型が『現代語法序説』であると私は考える。そこで、三上文法の体系を見るには、『構文の研究』の体系と『現代語法序説』の構成との対応関係を調べる必要がある。三上文法の体系化の基本は、第一に、「コト」と「ムード」を分け、「コト」の内部構成と「ムード」の内部構成をまとめること、その際、「コト」の中心が述語(用言)の語幹であることと、「ムード」の中心が述語(用言)の活用語尾にかかわることに留意することである。そして第二に、一文中で先行する述語と後続する述語の間の係り係られの関係(係り結びの様式)を考察することである。このように、三上文法は述語論を基盤に組み立てられているのである。

『構文の研究』の本論であるⅢ章からⅩ章のうち、Ⅲ章からⅦ章までは「コト」と「ムード」についてのまとめである。本論全八章のうち最初の五章がもっぱらこのテーマの記述に当てられているのは、三上文法の体系が「コト」と「ムード」という概念を軸に展開されていることを物語っている。そして、コトの問題を考えようとするときのキーワードが主格、主題(題目)、主語という概念をめぐる問題であり、ムードの問題を考えるときのキーワードが述語(用言)の活用の機能であると三上は見る。『現代語法序説』の本論である二章から四章のうち、二章と三章はそれぞれ「主格」・「主題」・「主語」の問題と活用形の機能の問題を扱っている。

『構文の研究』のⅧ章は「係り係られ」を論じている。これが三上文法の第二のポイントである。この係り係られを扱う章に対応するのが、『現代語法序説』では四章「単式と複式」である。四章では「活用形同士の係り結びの様式を見出そうとつとめた」(p. 三)と三上は言う。「係り係られ」は文中の要素間の依存関係を表す構文的な概念である。このような依存関係を明らかにすることは構文論の基本的目標であり、その意味において、三上が自らの文法を「シンタクス」と呼んでいることが納得される。

こうして見ると、『現代語法序説』と『構文の研究』は互いによく対応しており、『現代語法序説』で提示された基本方針をもとに『構文の研究』で体系化が図られた、と言ってよいだろう。そこで、三上文法の体系は三つの部分からなると考えられる。第一にコトの組み立てを扱う部分、第二にムードの組み立てを扱う部分、そして第三に述語間の係り係られの関係を扱う部分である。なお、この体系はおおよそ寺村に引き継がれることになる。

両者の違いは、三上が否定した単文と複文の区別を寺村が是認したことである。単文と複文の区別を認めた場合、文法体系は単文論におけるコト論、単文論におけるムード論、および複文論、という三部構成になる。この構成が寺村文法の構成に他ならない。

三節　体系の具体的内容

それでは、三上文法の体系の具体的な中身を見ていくことにしよう。まず、コトの組み立てから。コトは要となる述語語幹とその補語と連用修飾語からなる。現代風に言えば、主要語である述語とその項と付加語からなる構造である。三上はとりわけ、述語と格（格成分）の組み合わせを重視している。具体的には、述語を動詞、形容詞、名詞＋準詞の三つの型に分け、それぞれ、AガドウコウスルコトＡニBガドウコウスルコト、AガBデアルコト、AガドウコウデアルコトＡニBガドウコウデアルコトという主要な組み合わせの型を認め、これらの型を「コトの類型」と呼んでいる。ここで注意すべきは、主格（Xガ）が優位にある「甲型」と位格（Xニ）が優位にある「乙型」を区別している点である。乙型というのは、日本語生成文法研究において与格主語構文と呼ばれたものに相当する。与格主語構文の重要性を早くから見抜いていた三上の洞察力に注目したい。さらに、三上がこの種の「Xニ」を「与格」ではなく「位格」と名づけていることにも注意しておこう。

主格がコトの内部に収まるのに対して、主題(題目)はコトの外に位置するというのが、三上の主語否定論を支える認識である。日本語では主格と主題(題目)が「Xガ」と「Xハ」という異なった形式で表し分けられ、主語という概念を適用する対象が存在しない、というのが三上の主張である。三上文法では、主題(題目)はムードのなかに位置づけられることになる。三上は「条件法と用言の提示法とは隣り合せである」として、「X wa や X mo も提示法に含めて、ムウド並の待遇をしたい」と述べている。条件表現と提題表現の近接性という興味深い点を指摘したうえで、主題(題目)をムードの一部と見るわけである。

主題の「Xハ」がコト内部のどの格を表すかというと、ガ・ノ・ニ・ヲの四つであると三上は言う。さらに、それ以外の少数派もあるとされる。このように、主題と格の関係は複雑なものであり、「Xハ」と「Xガ」を単純に結びつけることは適当ではない。これが主語否定論の主張のもう一つの側面である。この点は『象は鼻が長い』において詳しく説明されている。三上は一九六〇年刊行の『象は鼻が長い』に続いて、一九六三年に『日本語の論理』と『文法教育の革新』を刊行し、主語を否定すべきことを繰り返し訴えている。"三上章と言えば主語否定論"という一般のイメージが固定してしまったのには、このような出版の仕方にも一因がある。

次に、ムードに目を転じよう。「ムード」というのは、「コト」と対立する広義のものであり、文を構成する一大要素である。狭義のものと区別するために、ここでは「広義ムード」と呼ぶことにしよう。先程取り上げた主題も広義ムードの一部である。広義ムードにおける中核が述語(用言)の活用形で表されるムードである。「活用」という述語(用言)の語形により表されるムードは、西洋文法における叙法としてのムードに相当するものである。こちらのほうを、広義ムードと区別するために「狭義ムード」と名づけることにしよう。広義ムードと狭義ムードは現代風に言えば、それぞれ「モダリティ」(modality)と「ムード」(mood)に当たる。

西洋語の conjugation の概念を念頭に置きながら、三上は日本語の活用の体系を三つのカテゴリーに基づいて構築する。『現代語法序説』の三章二節で詳しく説明されているように、その三つのカテゴリーとは、第一に狭義ムード、第二にテンス、第三にスタイルである。活用にかかわる狭義ムード、テンス、スタイルという三つのカテゴリーが三上文法のムード(広義ムード)の体系において重要な位置を占めることになる。

とりわけ狭義ムードの概念が重要な役割を果たしている点に注意したい。狭義ムードは、固有のムードを持たない「中立法」と固有のムードである「条件法」と「終止法」が中心となる(それ以外にムード以前の「インフィニチブ」がある)。これら中立法、条件法、終止法は三上文法において不動の存在であるが、それ以外のムードの認定は安定性を欠いている。三上のムードは内容が多様であり、「疑問法」、「確言法」、「推量法」、さらには「連体法」「提示法」「間投法」「引用法」まで挙げられており、活用体系に組み込まれるものという出発点からは逸脱しているものもある。「疑問法」や「連体法」は活用体系に反映されているかどうかはっきりしないし、「間投法」や「引用法」が活用体系にかかわりがあるというのは疑わしい。このあたりの分析は三上の柔軟性の現れであるとも言えようが、厳密性・整合性を重視する立場からの批判は免れないところである。

狭義ムードに加えて、テンスとスタイルも三上文法では重要な地位を与えられている。なお、テンスとスタイル、テンスに関連するアスペクト、さらには「認め方」(肯定と否定)について、三上は二元的対立からなるカテゴリーという観点を打ち出している。動詞の場合で言えば、テンスは「スル・シタ」、スタイルは「スル・シマス」、アスペクトは「スル・シテイル」、認め方は「スル・シナイ」という対立になる。このようなカテゴリーの考え方(『日本語の構文』では「動詞のカテゴリー」として「ヴォイス」「アスペクト」「尊敬」「スタイル」「否定」「テンス」「ムード」が掲げられている。これらのカテゴリーをもとに三上は述語部分におけるコトとムードの区分けを行う。具体的には、スタイル以下をムードと見ている)は、「言語学研究会」のいう「形態論的なカテゴリー」(鈴木重幸『形態論・序説』(むぎ書房、一九九六)参照)やそれを受け継ぐ仁田義雄の「文法カテゴリ」(『日本語文法研究序説』(くろしお出版、一九九七)参照)という捉え方に通じるものである。このあたりにも、前章で三上文法の特徴として挙げた形式重視の姿勢がよく現れている。

テンスについては、時にかかわるカテゴリーとしてアスペクトもからめて体系化されている。『構文の研究』では、アスペクトが tertiary tense として位置づけられている。三上はアスペクトの対立を perfective と imperfective の対立と見て、スルとシテイルという形態的な対立だけでなく、「状態動詞」と「完結動詞」の違いというような動詞に内在するアスペクト性も射程に入れている。現代風に言えば、文法的アスペクト・生産的アスペクト形式だけでなく、語彙的アスペクト・非生産的アスペクト形式も考えていこうという姿勢である。ヴォイスにおける「所動詞」と「能動詞」の区別もそうであるが、三上文法には最近の「動詞の意味論」の研究を先取りした面があるということは評価されてよい。

三上は「テンスはアスペクトとの抱合せとしてはたらくから、アスペクトに注意を払いながらテンスの対立を明らかにして行きたい」(『構文の研究』p.一二八)と述べている。テンスとアスペクトを関連づけながら時間表現の問題を体系化しようとした点も現代的である。なお、三上独特の分析として、ノデアルとノデアッタを secondary tense として位置づけている点が挙げられる。三上の「のだ」の分析には興味深い点が多々あるが、テンスと関連づけている点はとりわけユニークである。

スタイルについても、狭義のスタイルだけでなく、それに関連する敬語の文法的側面を掘り下げている。三上文法には敬語法が組み込まれているのである。三上は敬語に「モノ(名詞)の敬語」、「コトの敬語」、「伝達の敬語」の三種類を認めている。三上の敬語法で特に重要なのはコトの敬語と伝達の敬語の区別である。このうち、伝達の敬語が丁寧体と普通体という二元的対立に関係するいわゆる「丁寧語」のことであり、コトの敬語がいわゆる「尊敬語」のことである。この区別は後の時代に原田信一が生成文法の立場から、performative honorifics と propositional honorifics を区別したのに対応する("Honorifics"(『シンタクスと意味—原田信一言語学論文選集—』(大修館書店、二〇〇〇)所収)参照)。三上の敬語法研究は、日本語生成文法研究において高い評価が与えられている原田の敬語法研究(『シンタクスと意味—原田信一言語学論文選集—』所収の阿部泰明による解題「敬語の文法と意味の世界をめぐって」参照)に先駆ける重要な研究である。三上はコトの敬語は尊敬表現であるとして、尊敬語と謙譲語に分けるそれまでの見方に反対し、尊敬語と謙譲語の区別の代わりに「見上げ」と「持ち上げ」を設けている。原田の「主語尊敬」(subject honorification)と「目的語尊敬」(object honorification)は三上の「見上げ」と「持ち上げ」に対応するものである。

丁寧さについては、文中の述語部分に丁寧体が現れるかどうかが問題にされる。三上はこの問題が文中の述語の陳述性に関係すると見ており、『構文の研究』では丁寧体を「大きい息継ぎに使う」と言い、『日本語の構文』では「区切りの力」が大きい場合に使うと言っている。この問題は既に取り上げた述語の係りの三式というテーマに深くかかわる。

三上が敬語の現象を文法体系に組み込もうとしたことは特記されてよい。敬語は文法の対象にはならないという一般的な立場(渡辺実『国語構文論』参照)に対して、三上は積極的に敬語法を論じている。敬語は語用論に深くかかわるが、その一方で文法の領域に関係する側面もある。三上が敬語を文法体系に取り込もうとしたことは正当であると思う。語用論的な側面が大きいとして敬語の文法的側面を軽視してしまうと、敬語現象の全体像を捉えることはできなくなる。敬語法に目を向けようとした点も、三上の視野の広さを強く印象づけるものである。

最後に、文中の述語相互の係り係られの関係に話を進めることにしよう。ここで鍵を握るのは、「開き」・「閉じ」の概念と、「開き」における「単式」・「軟式」・「硬式」の概念である。三上の三式の概念は三上以後の研究においてときどき話題になることがあるが、「開き」と「閉じ」の概念のほうはほとんど話題にされていない。

日本語では、三上も言うように、係りの成分が先行し、係られ(一般に「受け」と呼ばれる)の成分がそれに後続するという語順になる。「開き」と「閉じ」というのは、三上自身の説明が十分明快ではないものの、基本的には、係られの成分が係りの成分を通すか食い止めるかというように理解してよいだろう。通す場合が「開き」であり、食い止める場合が「閉じ」である。これを「法」に適用すると、中立法と条件法と終止法(＋接続助詞)は開きであり、連体法と引用法は閉じであるということになる。ちなみに、引用が法として扱われているのは、連体と引用を閉じの法として一括したいという気持ちが働いているためであるのかもしれない。

連体法と引用法はそこで係りを食い止めてしまうが、中立法と条件法と終止法(＋接続助詞)は係りを食い止めないで、後続部分に係らせることになる。この場合、これらの係られに係っていく係りの力に程度の違いがあると三上は考える。具体的には、主として三つの程度が区別される。係る力の弱いほうから順に「単式」、「軟式」、「硬式」である。係りとしての力が強いほど後続の係られの述語を拘束することになる。中立法が最も力が弱い「単式」であり、条件法が中間的な「軟式」であり、終止法(＋接続助詞)が最も強い「硬式」であるとされる。

二章五節で指摘したように、三上の単式、軟式、硬式という三式の区別は、南不二男のいう従属節のA類、B類、C類の三類に結果的にはかなり重なる。結果として重なる部分に光を当てると、両者の共通性が強調されることになる。寺村秀夫も複文の問題を論じるなかで、三上の三式と南の三類を類似したものとして取り上げている。例えば、「現代日本語　文法」（『言語学大辞典二巻』（三省堂、一九八九）所収）では「南のA類、B類、C類は、それぞれ、三上の単式、（複式の）軟式、硬式にほぼ相当する。」と述べている（pp.一七三九-一七四〇）。

係りの三式は述語の法に対してだけでなく、係りとしての副詞や提題の「は」にも適用されている。例えば、情態の副詞は単式であり、「ろくに」などは軟式であり、「もし、たぶん、どうぞ、なぜ」などは硬式であるとされ、提題の「は」は硬式であるとされる（係りの三式という見方は、もしかすると係助詞「は」の研究から着想されたものかもしれない）。このように、係りの力の強弱という三上の見方は動態的構文論とでも言うべき独特の考えである。ただし、この見方を三上が明示的に展開できたかと言えば、それはそうではないだろう。大きな発展の可能性は秘めているものの、三上がその可能性を十分に顕在化したとは言いがたい。また、三上のこの見方が三上以後の研究において継承・展開されているとも言えない。しかし、三上が係り係られの相互関係を問題にしたことは、文中の構成分間の依存関係を明らかにしようとしたという点で、三上文法が現代的な意味での「構文論」の側面を確かに備えているということを示している。

以上、三上文法がコトの構成を対象とした部分、ムード（広義）の構成を対象とした部分、文中での述語間の依存関係を対象とした部分、という三部構成になっているということを見てきた。三上文法にこのような体系性を読み取ることができるというのが、本書第一部の大事なポイントの一つである。ただし、すでに述べたように、このように体系化されているといったことを三上が自ら語っているわけではない。私の読み方が妥当であるかどうかの判断は読者にお任せするしかない。読者の方々には三上文法のより深い読み込みを期待したい。

四章　三上の文法研究をどう見るか

一節　これまでの評価

第一部の最後として、三上の文法研究をどう評価するかという問題を取り上げてみたい。それにはまず、従来の評価がどうだったのかを見ておく必要がある。もっとも、三上の文法研究に対するこれまでの批評にすべて目を通したわけではないので、以下で触れるものは私の視野に入ったものに限られるという点をお断りしておきたい。

三上より上の世代で三上に言及した人物は佐久間鼎以外にはいなかったようである。しかも、佐久間は三上が師事した人物であることもあり、本格的に踏み込んだ評価は与えていない。佐久間は『現代語法序説』と『象は鼻が長い』の序文を書いているが、序文という性格もあって、掘り下げた評価というところまでには至っていない。

同じ世代かそれに近い世代で三上に言及した人物としては、言語研究者・日本語研究者では金田一春彦、川本茂雄、山口光などが、それ以外では桑原武夫、梅棹忠夫などがいる。国語学者の金田一春彦は、『現代語法序説』と『現代語法新説』の出版に尽力し、三上を世に出すのに大きな働きをした人物である。三上に対して高い評価を与えていることは『日本語の構文』の紹介文(『金田一春彦・日本語セミナー二』(筑摩書房、一九八二)所収)などを見れば明らかである。言語学者の川本茂雄も三上を高く評価した人物である。この点については、川本による『続・現代語法序説』の序文が参考になるだろう。山口光は三上文法研究会(MBK)を主催し、三上文法の普及に努力し、自ら三上文法に関する解説を多数書いている。さらに、山口には『還元文法構文論―再検討・三上文法―』(めいけい出版、二〇〇一)という著書がある。

三上の旧制三高での一年後輩に当たる桑原武夫は、言語研究・日本語研究の専門家ではないが、三上の文法研究に高い評価を与えている。桑原は三上の追悼文(『展望』一九七二年一月号)のなかで「東洋さらに日本の、あらゆるものを西洋の規準ではかり、それに合わぬものを低級視する西洋崇拝思想に反発して、世界の場で日本を日本として認めようとするものとして、土着主義というものが戦後十年をへて生まれ、これはジャーナリズムも十分に認めているのだが、三上がその先駆者の一人であることをジャーナリストは知らない」と書いている。これに近い見方をしている人物に梅棹忠夫がいる。梅棹は三上の著作に並々ならぬ関心を寄せている。梅棹は言う。「わたしは専門の文法学者ではないから、三上学説の細部を批判する力はないが、おおまかにいって、このかんがえかたはいかにも日本語に密着している。いかにも日本語の文法であり、公平にみてつよい説得力をもっている」(「日本語にみる近代化」『梅棹忠夫著作集十八巻』(中央公論社、一九九二)所収)。

このように、三上と同じ世代かそれに近い世代には三上を評価する人物がいるにはいるのであるが、言語研究・日本語研究の世界では広く受け入れられたとは言えなかった。これに対して、三上の一世代後になると、様子がだいぶ変わってくる。なかでも、寺村秀夫、久野暲、北原保雄の三上文法に対する評価はきわめて高い。寺村秀夫は三上に師事したと自ら書いている(『日本語のシンタクスと意味Ⅰ』(くろしお出版、一九八二)の「まえがき」参照)。寺村の文法研究と三上の文法研究の関係は本書のテーマそのものであるので、詳しくは後で述べることにして、ここでは寺村が三上文法の「解題」を書いていることをもう一度指摘しておこう。その解題において三上文法に対する自身の理解・評価がコンパクトにまとめられている。

言語学者の久野暲も三上を評価した人物であり、三上の最晩年である一九七〇年に三上をハーバード大学に招聘したことはよく知られている。言語学の世界、とりわけ日本語生成文法の世界で三上文法が取り上げられるようになったのは、久野の力が大きいだろう。北原保雄は国語学の世界で三上を評価した人物である。国語学における三上文法の受容ははかばかしくなかったが、北原はそのような状況を変えるのに力があったと言えよう。北原の三上に対する評価については「三上文法の世界」(『文法的に考える』(大修館書店、一九八四)所収)が参考になる。また、国語学者の宮地裕と芳賀綏が『現代語法序説』の書評(それぞれ『国語国文』(二二巻一一号、一九五三)と『国語学』(一六輯、一九五四))を書いていることを付け加えておこう。寺村、久野、北原の世代が三上文法を評価したことで、三上没後の七十年代以降、三上文法は日本語文法研究において無視することのできない存在になった。現在では、日本語文法の研究者で三上文法を知らないという人は少ないだろう。近藤泰弘は『日本語記述文法の理論』(ひつじ書房、二〇〇〇)において、三上を現代日本語文法研究の発展に多大な貢献をした人物として評価している。

二節　私見

このような従来の評価を踏まえて、次に私の見方を述べてみたい。まず指摘したいのは、三上文法の先見性である。時代をはるかに先駆けていたということである。この点は既に指摘したことではあるが、三上文法を考えるときの大切なポイントであると思う。方法論的にも、また具体的な分析事項に関しても三上文法は実に先見的・現代的である。時代に先駆ける者の宿命として、三上文法は同時代には十分に受け入れられなかった。三上の革新的な考えが受容されるのは没後の七十年代以降のことである。とりわけ、日本語文法研究に長い伝統を持つ国語学の世界では三上受容はなかなか進まなかった。三上と同世代の文法学者に時枝誠記がいたが、時枝文法がいわゆる「四大文法」の一角を占めているのに対して、三上文法がそこに加えられることはなかった。

革新派の三上が評価されたのは、日本語生成文法に代表される現代言語学の世界と日本語教育の世界でだった。母語としての日本語と向かい合わざるを得ない現代言語学や日本語教育で三上文法の認知が早かったのは当然ではある。三上が対照言語学的・言語類型論的な観点を持っていたことも、これらの分野で受容された要因の一つだろう。

母語研究としての体系的な日本語文法研究をめざし、その分野が育つための種をまいたというのが三上に対する私の基本的な評価である。それまであまり関心が持たれなかった母語文法の研究を—特に、検討されることの少なかった文論研究を—本格的に追究しようとしたということである。私の言い方を用いれば、「日本語記述文法」における文論研究の開拓者ということになる。

開拓者と言っても、先行するモデルがまったくなかったということではない。松下大三郎(『日本語の論理』のp.一二八に「松下大三郎一人を除いて、だれもヨオロッパ文法の悪しききづなから逃れていないのである。」とある)と佐久間鼎が三上のお手本になった。特に、佐久間の存在は大きかった。佐久間と三上に共通に見られる特徴は、国語学の伝統の外で現代日本語の文法に対して自由な発想でアプローチしたこと(三上には新造の文法用語も多い。例えば、境遇詞、能動詞・所動詞、準詞、単式・複式、陳述度、定言・概言など)、文論を開拓しようとしたこと、生きた言葉(現実の表現)を凝視したことなどである。このように、三上は理念的な面では佐久間との親近性が強いのであるが、体系化など文法の具体的な中身の面での系譜性はあまり顕著ではない。何よりも、佐久間の文法研究は体系的だったとは言えない。体系化をめざしたということで言えば、むしろ松下の文法研究のほうに近い(ただし、佐久間の新式活用論、「品定め文」と「物語り文」の区別、コソアド詞の分析などが三上に大きな影響を与えていることは指摘しておく必要がある)。

三上の研究者としての資質はどこにあったのか。これは難問ではあるが、私には三上は超俗的な性格が濃厚であるように思われる。三上の数学・哲学好き、芸術好き(『技芸は難く』という芸術論が書かれている)は、よく指摘されるとおりである。三上が文法の世界に入っていったのは、その意味では理解できる。文法の世界はそもそも超俗的で、数学・哲学のように抽象的な存在だから。私にとっての大きな謎は、三上が〝哲学的な〟文法ではなく〝実用的な〟文法をめざした点である。これは一見したところ矛盾している。超俗的・非現実的な三上がなぜ実用性を重んじたのだろうか。ロ一マ字論や国語教育に関心を持つというのは、超俗的な態度とは言いがたい。想像をたくましくすれば、プラグマティズムに対する三上の自己防衛があったためではないだろうか。実用性を言わなければならないほどに実際には実用から遠い世界にいたのではないか。

三上は主体性・独自性を大切にする内発型の研究者である。定説や権威というものに縛られることなく自分の目で見、自分の頭で考えるというタイプであり、斬新な着想と洞察力に富む研究者でもある。鋭い語感で言語現象に立ち向かい、豊穣な成果を手にした。発想が豊かなあまり、体系化に反するようなところがあり、さらには、説明する言葉が思考に追いつかないようなところもあった。読者の理解を困難にした一因はここにある。読み解くのが容易でない反面、読みかえすたびに新しい発見がある。そうした点が三上文法の魅力だろう。本書を書きすすめながら、三上文法をどこまで捉えることができたのか不安を覚えるのは、三上が書き残したものの奥の深さゆえである。

二部　寺村文法をめぐって

一章　寺村文法の展開

一節　はじめに

この章では、寺村秀夫の日本語文法研究の展開を時系列的にたどってみよう。寺村の研究は一九六〇年代から八〇年代までの三十年間である。膨大な研究成果がたかだか三十年という期間で生まれ出たというのは驚きである。私はこの三十年間を三期に分けることができるように思う。実に整然と十年単位で区切られる。つまり、第一期が六十年代、第二期が七十年代、第三期が八十年代である。第一期から第三期へと寺村文法の体系化が次第に進められていった。以下、体系化への道のりがどのようなものだったのかを、順次見ていくことにしよう。

二節　第一期

第一期に寺村は自身の日本語文法研究の歩みを決定づけるものに出会っている。その一つは米国での研究・教育体験である。寺村は六一年から六三年の二年間、留学生としてハワイ大学、ワシントン大学、ペンシルベニア大学で言語学を研究し、六三年にハワイ大学で修士号を得ている。六八年には日本語・日本語学担当の客員助教授としてカンザス大学東洋言語文学科に赴き七〇年まで二年間滞在した。米国で過ごした四年間が寺村の日本語研究に大きな影響を与えたことは確かである。

寺村の米国体験は、六一年の渡米で始まりを告げた。留学中の大きな出来事の一つは、ワシントン大学でのアメリカ言語学会の夏期講座に出席し、ブロックの講義を受けたことである。ブロックとの出会いは寺村を日本語研究に向かわせる大きな力になった。寺村はブロックを研究のうえで影響を受けた人として挙げており(『日本語のシンタクスと意味』の一巻と三巻(くろしお出版、一九八二・一九九一)の「まえがき」参照)、ブロックの日本語文法研究の解説(『ブロック日本語論考』(研究社、一九七五)所収)を書いている。ブロックに接することにより、アメリカ構造言語学(記述言語学)による日本語研究を直接知る機会を得た。また、ペンシルベニア大学ではハリスの授業に出て、アメリカ構造言語学の真髄に触れることになる。ブロックとハリスというアメリカ構造言語学を代表する言語学者の研究に直接触れることができたことは寺村にとって貴重な出来事だっただろう。

また、六二年にボストンで開かれた国際言語学者会議に出席し、チョムスキーの講演を聞いた。チョムスキーが世界の学界にデビューした有名な会議である。寺村はチョムスキーが創始した生成文法に多大な影響を受けることになる。さらに、六九年と七〇年にはアメリカ言語学会の夏期講座（イリノイ大学とオハイオ州立大学）に出席し、多数の生成文法学者の講義を受講した。特に、フィルモアの格文法には大いに興味を持ったようである。この時期のことは「生成文法の近年の動向―日本語研究の立場から―」（『日本語・日本文化』三号、一九七二）で寺村自身が詳しく紹介している。

第一期での二つ目の出来事は、六五年の大阪外国語大学留学生別科への奉職である。この年から国費研究留学生に対する日本語教育の仕事に携わることになる。この時期はまだ日本語教育界が試行錯誤の模索をしていた時期であり、教科書・教材なども自前のものを用意しなければならなかったのである。寺村は留学生別科の同僚といっしょに初級と中級の教科書・教材を作成している。注目すべきは上級クラスで文法を教えていることである。『日本語のシンタクスと意味I』の「まえがき」の文章を引用しよう。

私はこの要求に応じるために、上級用の文法のコースを開設し、毎時間謄写のプリントを配り、日本語の文法的なカタチと意味の結びつきを、できるだけ互いに関連づけながら説明しようとつとめた。新聞や小説や話しことばから実例をとり、それについて毎時間学生たちと議論もした。そうして十年あまりが経ってしまった。本書は、その頃のプリントや、折にふれて個々の問題にしぼって論文にまとめたり、日本語教育に志す人たちのための講座などに執筆したりしたものがもとになっている。

こうした環境が寺村の日本語文法研究の道程に決定的に影響したことは明らかである。寺村自身、晩年のエッセー「文法随筆」の冒頭で、自分の文法研究が日本語教育の実践の場にいかに多くを負っているかを認めている。

どんな分野にもあることだと思うが、それを専門とするのでない人間からみれば、どうしてそんな当り前のことを当り前でなく考えるのかということがよくある。ニュートンのリンゴの話とか、鏡に映る像は左右逆なのにどうして上下逆にならないのかとかいったような議論もそのたぐいである。しかし、当り前のことを大まじめで考えるのが知恵というものの始まりであって、それを考えるきっかけはどこにころがっているか分からない。私の場合、これまでの文法研究をふりかえってみると、考えようとした問題は、外国人学生の質問がきっかけになったことが多い。（『寺村秀夫論文集Ⅱ』（くろしお出版、一九九三）p.二九五）

第一期のもう一つの出来事は三上章との出会い(六七年七月)である(それ以前に書かれた寺村の初期の論文で三上の文法研究が既に何度も取り上げられている)。寺村は『日本語のシンタクスと意味Ⅰ』の「まえがき」で、三上に師事したと書き、この本を三上に捧げている。寺村は自他共に認める三上の後継者だった。事実、寺村文法は三上文法を実質的に受け継ぎ発展させたものである。寺村文法に対する三上文法の影響がどれほど大きいものだったかについては後で詳しく述べることにする。

こうして、第一期に、アメリカ言語学、日本語教育、三上章という寺村の日本語文法研究の方向を定めた三つのものに出会ったわけである。寺村にとって第一期は日本語文法研究の進め方を模索する時期だったと言える。異なるタイプの研究が混在した時期でもある。しかし、大事なことはこの時期に母語文法の研究という明確な目標が固まったということである。ブロックの日本語研究は日本語話者の母語である現代日本語の研究であり(実際、ブロックは日本語のインフォーマントからデータを引き出している)、生成文法は母語話者の言語知識を解明することが目標の一つであり、日本語教育でも母語話者の言語知識と向き合うことが要請されるし、さらに、三上の文法研究は事実上、母語文法の研究である。先に挙げた三要素がすべて母語文法(現代日本語文法)研究というものに収斂するのである。これが寺村が出会った環境である。寺村は、自身が身を置いた環境のなかから得た課題を誠実に引き受けたのであった。

三節　第二期

第二期は七十年代の十年である。七〇年に帰国した寺村は留学生別科で教えるかたわら、七一年から大阪外国語大学大学院英語学専攻の日英語対照研究の講義を開始し、さらに七七年からは新設の日本語学専攻の担当となる。七九年には筑波大学に転出することになるのであるが、七十年代は大阪外国語大学での教育・研究が花開く時期だった。この時期に大阪外国語大学から言語学・日本語学関係の多くの人材が寺村の影響下で育ったことは特筆すべきことである。

七十年代に入っての大きな出来事は三上章の逝去である。七一年の九月に三上は世を去った。三上との最初の出会いは六七年の七月であるから、二人の親交はわずか四年に過ぎず、しかも、そのうちの二年は寺村が米国に滞在していたために手紙がやりとりされただけだった。寺村と三上の親交は、実はきわめて短期間だったのである。しかし、短期間ではあったが、密度は濃いものであり、二人は終日日本語文法を論じ合ったこともあったようである。

寺村は三上没後、自らの文法体系の構築に向かう。寺村が三上の死をどのくらい意識して文法体系の構築に向かっていったのかは今となっては明らかにすることはできないが、三上の死が寺村に日本語文法の体系化を決意させる原動力になったのではないか、というのが今の私の推測である。上級学習者向けのワークブック *An Introduction to the Structure of Japanese* の第一巻が出たのが七二年のことである。このワークブックのシリーズ(八一年の第四巻まで出た)は一つの文法体系を背景として書かれている。寺村文法の体系の原型がそこにあると思う。それがより明確な形となって現れたのが『日本語の文法(上)・(下)』(一九七八・一九八一、国立国語研究所)である。この二巻本は日本語教育指導参考書として書かれたものである。この指導参考書を寺村が書くことになったのは、この時期に文化庁主催の日本語教育研修会で寺村が文法の講義を担当したこととも関係しているのではないかと思う。七五年度の日本語教育研修会での講義資料「文法と文法教育」は、次のような目次になっている(この講義資料の複写をお送りくださった田中寛氏(大東文化大学)のご厚意に感謝いたします)。

Ⅰ　「日本語ができる」とはどういうことか

1.「わかる」「話せる」ということ

2.「正しい、自然な日本語」とそうでない文との判別ができる

Ⅱ　日本語のきまりと仕組み―そのいくつか
1.「語」の認定
2. 語の種類―「品詞」
3. 文核(「コト」)の構成
4.「主語」、主題、主格、"Subject"
5. 用言の活用―形の整理
6. 各活用形、助動詞、補助動詞の意味・用法
7.「態」("Voice")について
8. 文の接続についてのいくつかの問題
9. 連体修飾について

参考　1. 助詞の分類
2. 助動詞の分類
3. 活用法

この組み立ては、『日本語の文法(上)・(下)』の構成に対応する。特に重要なのはⅡの

体系の部分である。ここに、語論を基礎に、コト(文核)とムード(活用を中心とする)とを二本柱とする単文論、そしてそれに続く複文論、という寺村文法の文論の体系を読み取ることができる。

このように第二期は、模索の時代である第一期を脱して、いよいよ自身の文法体系の基本デザインが確立する時期であると見てよい。三上文法を継承し、日本語教育の実践の場という環境を生かしながら、母語の文法としての日本語文法の体系の基礎固めがなされたのである。この期になると、第一期において重要な位置を占めた生成文法の影響は背景に退くことになる。第一期では生成文法の枠組みをもとにして書かれた論文が多かったが、第二期以降ではそうした論文が書かれることはなくなった。生成文法の考え方・分析方法は生かされつつも、日本語を対象とする生成文法の研究である「日本語生成文法」とは一線を画することとなった。七十年代は日本語生成文法が日本語文法研究の世界に怒涛のように押し寄せてきた時代だった。この時代に黒田成幸、久野暲、井上和子、柴谷方良などの日本語生成文法研究者が日本語文法学界に大きなインパクトを与えた。具体例を挙げると、久野は『日本文法研究』(大修館書店、一九七三)と『談話の文法』(大修館書店、一九七八)を、井上は『変形文法と日本語(上)・(下)』(大修館書店、一九七六)と『日本語の変形規則』(一九七八)を、柴谷は『日本語の分析』(大修館書店、一九七八)を、それぞれ出版した。また、学術誌 *Papers in Japanese Linguistics* が一九七二年に創刊され、柴谷編の論文集 *Japanese Generative Grammar* が一九七六年に出版された。

寺村が日本語生成文法に距離を置いたことは、『国語学』に掲載された井上和子著『変形文法と日本語(上)・(下)』に対する寺村の書評によく現れているように思われる。寺村は井上の著書の貢献を認めながらも、次のように書いている。

> 第三章の複合名詞句の分析では、それが英語の関係節その他の類型化から出発している点が、その多くの日本語についての洞察にもかかわらず、やはり気になる。補文の「関係節化」はよいとしても、その中の名詞句が消去されるのを「関係節化」と呼ぶのは、関係詞というものをもたない言語の者にとっては奇異に感じられよう。「同格節」「擬似関係節」などの用語も日本文法の側からいうとあまり当を得たものと思われない。しかし用語自体はもちろん本質的なことではない。問題はそのように英語の長い観察から自然に固まってきた類型化が日本語自体にとって大切な問題を見おとすことにつながらないか、ということである。（p.四七）

このことは、八十年代に入った最初の年の八一年に書かれた論考「日本文法のゆくえ」(『月刊言語』一〇巻一号)でより明確に述べられている。このなかで、寺村は、伝統的な国語学の流れだけでなく、「外発的な」生成文法・言語理論の研究の流れにも自らの立場から注文をつけている。ときはまさに、「日本語学」という新興の分野が市民権を獲得しようとする時期だった。

四節　第三期

第三期は、八十年代の十年である。七九年に筑波大学に移った寺村は新しい環境のもと、いよいよ日本語文法の体系化の完成をめざすことになる。第二期で到達した体系を肉づけすることにより、それに最終的な形を与えるライフワークとして『日本語のシンタクスと意味』の刊行に着手したのであった。そのような寺村の決意を後押ししたのは、時代の状況であったように思われる。おりしも、『講座日本語学』(明治書院)が出版され、雑誌『日本語学』(明治書院)が創刊された(いずれも一九八二年のことだった。寺村は編者としてそのどちらにも関係した)ことに象徴されるように、「日本語学」と呼ばれる分野が学界・社会で認知されるようになった。『日本語の文法(上)・(下)』を執筆した寺村に関係者は大きな期待を寄せたはずである。寺村の周囲にいた人々も寺村がまとまった著作を書くことを願った。『日本語のシンタクスと意味』を出版したくろしお出版の岡野(現、三戸)ゆみ子氏は、「『日本語のシンタクスと意味』をお書きになった日々」(『寺村秀夫先生追悼文集　流星』(三友社、一九九一)所収)のなかで次のように回想している。

周囲からも早く著書をまとめて欲しいとの声が高まり、MBKのメンバーのある人はわざわざ予定される「目次」まで用意してムードを盛上げて下さるほどだった。(p.二二四)

関係者の期待のなかで、『日本語のシンタクスと意味』の第一巻が一九八二年に刊行された。この書がどのように執筆されたかについては、野田尚史氏の追悼文(「『日本語のシンタクスと意味』の舞台裏」(『流星』所収))が参考になる。

諸事に忙殺された寺村を悲劇が襲った。八五年暮れに上野駅で心臓発作で倒れたのであった。これ以後、寺村の著述活動は思うように進まなくなる。八七年に大阪大学に転出し、大阪に戻ったものの、健康はなかなか回復しなかった。『日本語のシンタクスと意味』第三巻の原稿執筆もペースダウンを余儀なくされた。それでも、寺村は第三巻の完成をめざして原稿を書き続けた。しかし、それが完成するまえに九〇年二月三日、この世を去った。

享年六十一歳だった。『日本語のシンタクスと意味』第三巻は、寺村が書きすすめていた草稿をもとに寺村と縁のあった研究者たちの手で翌九一年に刊行された。全五巻となるはずだった『日本語のシンタクスと意味』は完成を見ることはなかった。時代の早い動きが寺村のライフワークの完成を妨げてしまったと言えよう。

第三期は、多忙な生活のなかでライフワークの完成―つまり、寺村文法の完成―に心血を注いだ時期である。志半ばにして病に倒れた寺村ではあったが、寺村文法が『日本語のシンタクスと意味』にその全体像を現そうとしていたのである。

このように、寺村の日本語文法研究は十年を単位とした三つの時期、つごう三十年にわたるものだった。模索期である第一期から、基本デザインの構築期である第二期を経て、集大成である大作と取り組んだ第三期に至るという、実に見事な軌跡を描いた寺村の研究人生だったが、三十年という年月は一大事業を成就するための時間としては決して長くない。多くの人(私もその一人である)が寺村の早逝を惜しんだ。その具体的な様子は、追悼文集『流星』に見ることができる。

二章　寺村文法の特徴

一節　基本的特徴

この章では、寺村文法の特徴を見ていくことにする。はじめに、寺村の日本語文法研究に対する基本的な姿勢について述べる。寺村は主著『日本語のシンタクスと意味』第一巻の「まえがき」で次のように言っている。

説明の対象は日本語の個性そのものであるが、説明のことばはできるかぎり普遍性のある表現でなければならない。これは、自明の事柄のようであるけれども、明治以来、ほとんど西洋流の枠組みによる説明に慣らされてきた我々にとって、容易な仕事ではない。かといって、国学以来の伝統的な国語学説を押しつけて済むわけでも、もちろんない。

寺村は、西洋文法の枠組みに日本語を当てはめるというやり方も、また、伝統的な古典語文法をモデルとして現代語文法を考えるというやり方も不適当であると見る。そして、現代語(母語)を直視するなかからその理法を探り出していこうとする立場に立つ三上章の姿勢に共感する。これは、外発的な言語学と伝統的国語学のどちらにも縛られることなく、自由な立場から母語文法を解明することをそれにふさわしい方法で実践していこうとする立場である。この立場は、前章で取り上げた論考「日本文法のゆくえ」でも触れられている。このような母語文法研究としての日本語文法研究を、私は「日本語記述文法」と名づけたのであった。

寺村が母語文法の研究(日本語記述文法)の立場を自覚するに至ったのには、三つのものが作用しているように思う。その一つは言うまでもなく、三上の影響である。寺村は、母語文法研究としての日本語記述文法研究を開拓した三上の継承者である。

第二は生成文法の影響である。母語話者の言語能力・言語習得能力の解明をめざす生成文法は、母語話者の言語知識がどのようなものであるのかを明らかにすることがその目標の一つとなる。これを日本語に当てはめて日本語生成文法というものを考えれば、日本語生成文法は日本語母語話者の言語知識の解明を目標にするということになる。この点に着目するとき、日本語生成文法と日本語記述文法の目標は接近することになる。事実、七十年代の日本語生成文法と日本語記述文法は近い関係にあったように思う(益岡隆志「紹介『シンタクスと意味―原田信一言語学論文選集―』」(『言語研究』一二〇号)参照)。

そして第三は、日本語教育への取り組みである。日本語教育を実践していくには多くのことがなされなければならないが、そのうちの一つは日本語母語話者が自然に習得している日本語(現代日本語)の仕組みを明らかにすることである。母語の仕組みというものは母語話者にとってはあまりにも当たり前のものであり、問題意識にのぼることはないが、学習者にとっては当たり前では済まされない切実な対象である。日本語の仕組みがわからないということでは、日本語の運用はおぼつかないだろう。日本語の仕組みを知りたいという要求が学習者から生まれてくるのは当然である。寺村はそのような学習者の要求に答えようとした。『日本語のシンタクスと意味I』の「まえがき」の冒頭の文章は、寺村のそうした問題意識をよく表している。

世界の各国から来た留学生に日本語を教えて十数年になる。教え始めてまもなく、初級用、中級用の教科書は、同僚たちとの共同作業でともかくも作ったのだが、そのうちに、中級をおわった学生や、来日前にかなり日本語を勉強してきた連中から、上級レベルのコースを設けてほしいという要求が出るようになった。上級のレベルというのには、いろいろな内容が考えられる。もっと生きた日本語、日本語らしい日本語、味のある表現を使いこなせるようになりたいとか、そういう表現の背景になっている日本人のものの考え方、社会通念、文化といったものを理解したいとか。その中でけっこう高いのは、日本語の文法を、くわしく、そして体系的につかみたいという欲求である。私はこの要求に応じるために、上級用の文法のコースを開設し、毎時間謄写のプリントを配り、日本語の文法的なカタチと意味の結びつきを、できるだけ互いに関連づけながら説明しようとつとめた。

寺村の文法研究が日本語教育の実践といかに深いつながりを持っていたかがうかがわれる。寺村は自らの文法を「実用文法」であるとして、『日本語のシンタクスと意味Ｉ』で次のように書いている。

松下大三郎は『改選標準日本文法』(1928)の緒言で、自分の文法研究の動機について次のように述べている。

私は少年の頃、当時最も世に行はれて居った中等教育日本文典とスキントンの英文典の二書を読んで其の体系の優劣の甚しいのに驚いた。英文典は之を一読すれば和英辞典さへ有れば曲りなりにも英文が作れる。然らば英米人に日本文典と英和辞典とを与へれば日本の文が作れるかというと、そうは行かない。これ実に日本文典の不備からである。

本書の目的とするのも全くこれと同じで、その意味で本書の目標は実用文法の作成である。(p.一五)

「実用文法」としての寺村文法は、言語に関する本質論や原理論には深入りしない。文とは何か、活用とは何か、「コト」・「ムード」とは何かといった原論を展開しようとはしない。それよりも、豊富な言語資料の観察をもとにした具体的な文法記述に力を注ごうとするのである。一言で言えば、「論」よりも「具体的分析」である。寺村が提出しようとした文法は、参照文法(レファレンスグラマー)としても機能するような体系的な記述文法だった。だから、活用の問題を除けば、文法研究史や学説研究にはあまりページを割いていない。また、仮説を立ててそれを論証するといった論述スタイルで書かれているわけでもない。もちろん、寺村がオリジナリティを主張する論文を書かなかったというわけではない。同時代や後続世代の研究者に影響を与えた論文は少なくない。しかし、寺村自身は主たる目標を実用文法としての体系的な記述文法の構築に置いたのである。

参照文法としての役割も果たすということのためには、いろいろな要件を満たす必要があるが、寺村が重視しているのは、類義表現の使い分けの問題と構文の成立条件の記述である。類義表現というのは、意味は類似しているが重要な使い分けが見られる一群の表現のことである。類義表現の違いの記述には言語現象の細部に踏み込んだ分析が必要になる。同様に、ある構文がどのような条件のもとで成立するかの記述も言語現象に対する詳細な観察と分析を要求する。寺村はこうしたきめ細かな分析を丁寧に実践している。表現の形式とそれが表す意味の細部に切り込んでいる。その結果、「態」や「取り立て」の場合がそうであるように、しばしば語用論的な領域にまで踏み込むことにもなる。類義表現や構文の成立条件の考察は意味という漠たる世界への切り込みを避けることができないのである。

このように、寺村は自身の文法が実用文法であることを自認しており、そして確かにそういう側面は認められるのであるが、我々はもう一つの側面にも注目しないわけにはいかない。それは文法論としての側面である。先ほど引用した部分のすぐ前で、寺村は次のように書いている。

本書で考えようとするのは、このように、日本語を身につけた者——いわゆるネイティブ・スピーカー——が誰でも'知っている'こと、つまりいろいろな文が、一定のきまりによって結びついている、そのきまりはどういうものであるか、ということと、そのようなきまりによって部分が結びついたとき

の、その結びつきがもつ意味はどういうものかということである。（pp.一四－一五）

この文章では母語のシンタクスと意味の相関を明らかにするという課題が提出されており、事実、『日本語のシンタクスと意味』は実用文法であるだけでなく、母語文法(日本語記述文法)の研究書でもあるのである。寺村文法は実用文法(参照文法)という側面と文法論という側面を未分化な形で包含しているというのが私の基本的理解である。

二節　三上文法との比較

次に、寺村文法の特徴をより具体的に考えるために、一部二章でまとめた三上文法の特徴と比較してみよう。三上文法との比較における寺村文法の特徴として、ここでは次の四点を指摘したい。第一に、母語話者の言語知識のより純度の高い記述であり、より純粋な共時的体系の記述であるということ。第二に、より体系的であり記述様式が明示的であるということ。第三に、三上が形式重視であるのに対して、寺村は意味重視であるということ。そして第四に、対照研究の視座がより強く打ち出されているということである。このような性格の違いは、寺村が日本語教育の世界に身を置いていたことに関係する。以下、これら四点を順次見ていくことにしよう。

まず第一は、母語話者の言語知識の記述という色あいがより濃厚であるという点について。母語話者の言語知識の記述というのは、とりもなおさず、「日本語記述文法」の研究ということであるから、このことは、日本語記述文法が寺村によってより明確な位置づけを与えられたということを意味する。寺村にこのような方向性をもたらしたのは、一つにはアメリカ言語学、とりわけ生成文法の影響であり、もう一つは日本語教育という環境である。

寺村は米国で生成文法研究の勃興に接し、その後もその動向に関心を持っていた。チョムスキーの「標準理論」（寺村は大阪外国語大学在職の時代に授業でしばしばチョムスキーの *Aspects of the Theory of Syntax* を教科書に用いた）、フィルモアの格文法、生成意味論などを深く理解していた。GB理論が標準理論にとって替わって以後、寺村は生成文法に対して発言しなくなったが、ここで個人的回想をさしはさむと、寺村は晩年私にGB理論をどう思うかと問うたことがあった。私にその問いに答えるだけの知識はなかったのであるが、寺村が生成文法に対して関心を持ち続けていることをそのとき知った。

日本語教育の現場に深くかかわったことも、寺村文法が母語研究としての日本語文法研究という性格を色濃く持つことになった理由である。寺村の主著である『日本語のシンタクスと意味』は、寺村自身が言うように、留学生に対する日本語教育の実践に支えられていることは間違いない。『日本語のシンタクスと意味』は、学習者向けのワークブックの作成に始まり、日本語教育研修会での講義と日本語教育指導参考書『日本語の文法(上)・(下)』を経由してたどりついたものである。留学生に対する日本語教育の実践がなかったとしたら、『日本語のシンタクスと意味』のような著作が書かれることはなかったかもしれない。

母語文法の体系的研究としての寺村文法は、したがって、純共時的な性格を持つものである。三上には言語変化の観点が部分的に入り込んでくるのであるが、寺村にはこうした観点は見出せない。三上の問題意識にある言語変化の過渡期といったことや言語変化に伴う「名詞くずれ」や用言の形式化などの「文法化」に相当するものを寺村に見ることはない(もっとも、寺村が言及しているアスペクト形式の「文法形式化」ということや連体修飾表現における被修飾名詞の「形式化」は文法化に通じる面がある。この点については次章で話題にしたいと思う)。

寺村の文法研究の分析方法に見られる顕著な特徴は、非文を積極的に活用することである。「このようには言えない(使えない)」という観点は、生成文法での分析を通じて普及したのであるが、寺村も「なぜ、こう言えないのか」ということを分析のための重要な手がかりにしている。『日本語のシンタクスと意味』でも、序章で、文法記述の課題を整理するために「なぜ「おかしい」のか」という観点を導入している。この観点は日本語教育における「誤用分析」と関係が深い。ちなみに、寺村は最晩年に科学研究費による特別推進研究「日本語の普遍性と個別性に関する理論的及び実証的研究」（代表者、井上和子）の分担研究資料として『外国人学習者の日本語誤用例集』（一九九〇）を作成している。

第二に、より体系的であり記述様式が明示的であるということについて。三上文法は、既に何度も強調したように、体系的であると見るべきである。ただし、三上自身はその体系性を明確な形で語ってはいない。そのためか、三上文法が体系的であるということはこれまでほとんど指摘されることはなかった。また、三上の文法記述のスタイルは明示的であるとは言いがたい。三上の文章は日本語母語話者にとっても読みやすいとは言えない。まして、非母語話者にとっては難解に映るはずである。三上文法の真価が十分に理解されてはいないのは、記述の仕方におけるこのような非明示性にも原因があるだろう。

これに対して、寺村文法はその体系が明確に示されており、また記述の仕方も明示的である。寺村文法の体系は寺村自身により、何度も説明されている。それを代表するのは『言語学大辞典第二巻』（三省堂、一九八九）に掲載されている「現代日本語　文法」である。そのなかで寺村は自身の文法体系をコンパクトに、またわかりやすく解説している。したがって、寺村文法の体系がどうなっているのかという点については、主観的な解釈が介在する余地はあまりない。三上文法の体系をどう見るかが読み手の解釈に大きく依存するのとは対照的である。

記述の仕方も明示的であり、読み解くのに大きな困難はない。寺村文法が同時代の人々に広く受け入れられた理由の一つは、その記述様式の明示性にあると思う。寺村がこのような明示性を身につけることができたのは、寺村の資質に加えて、日本語教育の実践が寄与しているように思われる。非母語話者に日本語の仕組みを理解させようとすれば、当然のこととして、その説明は日本語の直感を持たない者でも理解可能なものでなければならない。文法用語なども、それまで一般に通用している用語をそのまま使ってよいということにはならない。寺村は大阪外国語大学留学生別科の上級クラスで文法のコースを開講し、留学生といっしょに日本語の実際の表現を検討している。このような場が寺村に与えたものには計り知れないものがあったと想像される。寺村が『日本語のシンタクスと意味』の序文でこの文法のコースにわざわざ言及していることの意味を、読者はよく考えてみる必要がある。

第三は、意味重視ということである。表現の形式と意味の相関を記述しようというのであるから、形式を問題にしないということでは、もちろんない。文論ということで言えば、表現の形式と意味の相関というのは、文の形式(すなわち、構文)とそれが表す意味の相関を明らかにすることであり、寺村の主著が『日本語のシンタクスと意味』と題されているのは、このことを明瞭に示しているわけである。

そうではあるが、寺村が形式(構文)より意味のほうに力点を置いているというのも事実である。寺村は意味に関する考えを著作の随所で述べている。『日本語のシンタクスと意味』においては序章の二節で意味の種類分けを試み、大きくは「辞書的意味」、「関係的意味」、「描叙類型的意味」の三種類を立てている。意味を考察した論文も、晩年に書かれた「文の意味と文化」、「前提・含意と影」、「意味研究メモ―その1―」(後の二つは『寺村秀夫論文集Ⅱ』所収)など多数ある。同世代の主要な日本語文法研究者で寺村ほど意味の問題に深入りしている研究者はいないように思われる。

寺村を意味重視にさせた一つの要因は日本語教育という環境だろう。日本語教育を実践する場合、意味の問題を避けて通ることはできない。非母語話者は学習言語の習得において必ず意味の問題にぶつかるはずである。意味というのは非常に漠として捉えにくいものであり、表現の意味を理解するのは容易なことではない。母語話者にとっては何でもないことが、非母語話者にとっては解きがたい難問となる(私自身の外国語学習経験でも、このことを意識しないではいられなかった)。日本語学習者の切実な要請に答えようとすれば、意味の問題をどうにかしなければならないことになる。

考えられるもう一つの要因は、寺村の時代に—つまり六十年代以後—言語学の世界で意味論の分野が確立したことである。意味の問題は長く研究者の関心の対象であったはずだが、言語学において専門の分野として一翼を担うようになったのはそれほど前のことではない。六十年代以後、言語学(特に、理論言語学)の世界で「統語論と意味論」というように、統語論に並ぶものとして意味論が認知されることになったのである。このような時代的背景が寺村の文法研究にも影響しているように思われる。

さらに、寺村は語用論の分野にも興味を示している。語用論の研究は日本では遅れて始まった(最近、日本語用論学会が設立された)のであるが、寺村は早くから語用論というものを意識していた。一九七八年に書かれた論文「語法と社会通念」(『寺村秀夫論文集II』所収)などはもっと注目されてよいと思う。意味の問題に深く入り込んでいくと、そこには語用論の世界も見えてくるだろう。また、寺村が関心を持っていた構文の成立条件といった問題を扱おうとするときも、語用論的な領域に踏み込まざるを得なくなる。寺村は文法論と語用論の関係を必ずしも明確に捉えきっていなかったかもしれないが、それは寺村の時代では仕方のないことである。むしろ、寺村が語用論の世界にも目を向けていたということそのことを評価すべきではないかと思う。文法論と語用論の関係を本格的に考察することは、寺村以後の世代に与えられた課題である。

形式重視ではないということに関連してもう一点付け加えると、寺村文法におけるシンタクス(構文論)は、三上文法から先に大きくは進展していないと言ってよい。主著『日本語のシンタクスと意味』においても「シンタクス」が標題に掲げられてはいるが、シンタクスに関してはあまり多くのことが語られていない。三上は「立木式」のような具体的な構造表示を提案したのであるが、寺村にはこのような提案は見あたらない。一つ考えられることは、寺村の時代になると、生成文法を中心とした理論言語学がシンタクス研究を驚異的と言っていいくらいに掘り下げていった、という事情が作用したのではないだろうか。寺村も研究の初期(一期)には、生成文法の樹形図を自らの分析の中に取り込むといったことも多かった。しかし、二期になると、そのような試みは影を潜めることになる。寺村の目には、ある時期以後の理論言語学のシンタクス研究があまりにもテクニカルになりすぎたと映ったのではないか。

それ以上に作用したのは、寺村の「実用文法」への傾斜ということだろう。日本語教育への応用を考えるとき、過度に抽象的なシンタクスの議論は現実的ではないということである。もっと言えば、日本語教育の世界では、抽象的な存在であるシンタクスに対する要求はそれほど強くないということである。それに対して、意味のほうは漠としているとは言え、具体的・実感的な存在であり、日本語教育での要求も高い。寺村にとっての文法は、文法のための文法ではなく、日本語教育の実践につながっていくような、応用的な側面を併せ持つ文法だった。文法というものを応用的な面を意識しながら考えていこう、というのが寺村のスタンスだった。

最後に、第四の特徴は対照研究志向がより鮮明であるということ。三上にも対照研究志向はあった。西洋語との対照という問題意識抜きに三上文法はありえない。主語否定論も活用論も対照研究の観点に支えられている。その三上以上に、寺村の対照研究志向は顕著である。寺村の対照研究志向を動機づけたのは、次に引用するような言語の普遍性を求める気持ちだろう。

観察の中心は日本語であるが、いろいろなきまりの性質を広い立場から考えるという意味で、時として英語その他の外国語に観察の目をひろげることもしてみたい。人間の言語に普遍的なものに思いをめぐらすには現在の筆者の知識はあまりにも小さいが、問題意識としては、どこまでが日本語に特有の現象なのか、どの点はほかの言語にも共通して見られることなのか、という問いも頭に置いておきたい。(『日本語のシンタクスと意味Ⅰ』p.一五)

特筆すべきは、寺村が共同研究や共同執筆による対照研究のプロジェクトを推進しているということである。大阪外国語大学留学生別科で音声の対照研究と格の対照研究という二つの共同研究をリードし、同大学の中国語学の関係者が行った日中対照研究のプロジェクトにも協力している。また、『講座日本語学』(明治書院、一九八二)の対照研究を扱う三つの巻(一〇巻、一一巻、一二巻)を編集している。さらに、自身も対照研究の論文を精力的に書き、対照研究への提言も行っている。例えば、「態の表現と「適切さ」の条件」(『日本語教育』三三号)には次のようなことが書かれている。

ある言語の中から生まれてきた文法概念を、「態」にしろ「格」にしろ「主語」にしろ、そのまま他の言語にもちこんでそこで当てはまる形式をそれで説明するというようなやり方では、本当に興味ある対照研究はできないということは今さらいうまでもない。本稿でこの用語を使うのは、日本文法自体にとっても、また日本語と他の言語との対照的記述にとっても、またおそらく対照の対象となる英語その他の外国語の文法自体にとっても意味があり、必要だと考えるからである。そのために当然のことながら、その用語に、どの言語にも適用できるような新しい意味をもたせることが必要になる。(p.三〇)

寺村の対照研究に対する貢献は、それまで二言語間の対照が主流だった対照研究に対して、日本語と諸言語の対照研究という形での多言語間の対照研究を提唱したことである。多言語間の対照研究は個人研究により遂行するのは困難であり、共同研究という形態で実践する必要がある。寺村はまさにこのような共同研究を実行に移したのである。

そのような共同研究による多言語間の対照研究を推進した原動力は、やはり日本語教育という環境から得られたものだろう。日本語教育が直面する課題の一つは日本語と学習者の母語を比べることで両者の異同を明らかにすることであるが、学習者の母語が学習者の多様化にともなって広範囲のものとなることから、日本語を多数の外国語と対照することが要請される。大阪外国語大学留学生別科での対照研究のプロジェクトは、まさにそのような性格のものだった。外国語大学という環境も、そうしたプロジェクトを進めるうえで有利に働いたと言ってよいだろう。

対照研究の観点を取り入れようとするとき、自然な趨勢として、形式よりも意味を重視することになる。当然のことながら、形式の現れ方は言語によってばらつきがあり、形式をベースにした対照研究の実践は困難である。これに対して、意味をベースにすると、諸言語に共通の土俵を用意できる可能性が高まり、対照作業は実行しやすくなる。ヴォイス、テンス、アスペクトといった文法カテゴリーも意味に基づくことにより対照が容易になる。寺村は「「表現の比較」ということについて」(『寺村秀夫論文集Ⅱ』所収)で次のように言っている。

異なる言語の比較が本当に興味あるものとなるためには、表面的な差異を論じるにしても、何か共通の足場(理想的には普遍的な足場)を設定して、それと両者の表面的な現れの違いを対置してみるということがどうしても必要だと思われる。そしてその共通の足場というのは、抽象的な、意味の型といったものにならざるを得ないだろう。(p.一九九)

形態論に重きを置く鈴木重幸(「動詞の活用形・活用表をめぐって」『ことばの科学二』(むぎ書房、一九八九)はテンス、アスペクト、ヴォイスなどを「形態論的カテゴリー」と見るべきであると説き、寺村のアプローチが意味論的であると評するのであるが、両者のあいだにこうした違いが生じる一因は寺村が諸外国語との対照を重視しているためである。この点に関連して、形式重視だった三上が鈴木と同様に、二項対立に基づくテンス、アスペクト、スタイルのようなカテゴリーを立てているということを思い出しておこう。三上と寺村のあいだにこのような違いがあることは記憶にとどめておきたい。

三章　寺村文法の体系

一節　はじめに

この章では、寺村文法の体系がどのようなものであるのかを見ていくことにする。寺村は自らの文法体系をライフワークである『日本語のシンタクスと意味』において示そうとした。全五巻の書として。しかし、六一歳という早すぎた死によって第三巻の草稿を書くところまでで執筆は中断されてしまった。そのために、寺村文法の全貌が我々の目に触れないまま終わってしまった。『言語学大辞典第二巻』の「現代日本語　文法」という項目のなかで、寺村は自身の文法体系に沿って日本語文法の骨格を解説しているが、ここでも、複文の部分については自身の体系を示していない。したがって、複文の全体像については日本語教育指導参考書である『日本語の文法(下)』を参照するしかない。ライフワーク『日本語のシンタクスと意味』はこのように未完に終わったのであるが、それでも、『日本語のシンタクスと意味』は日本語記述文法研究において五十年代の三上の『構文の研究』に続く八十年代の金字塔である。

『日本語のシンタクスと意味』に代表される寺村文法の最大の貢献は、日本語記述文法の体系の標準的なモデルを提出したことである。これを「寺村モデル」と呼ぶことにするなら、「寺村モデル」の影響は現在にまで及んでいる。私が個人的にかかわった例で言うと、小規模な参照文法をめざした益岡隆志・田窪行則著『基礎日本語文法―改訂版―』（くろしお出版、一九九二）も、具体的な言語事実の観察をもとにまとまった文法記述をめざした仁田義雄・益岡隆志編『日本語の文法（全四巻）』（岩波書店、二〇〇〇‐二〇〇二）も、その全体的構成において寺村モデルの影響下にある。寺村は文法に関する個々の情報を体系全体のなかのどの部分に書き入れるかを試行錯誤しながら、実用性を考慮した具体的記述モデルを提示したと言える。実用性を重視しただけに、理論的整合性には必ずしもこだわっていない箇所もある。理論的に厳密な体系を築き上げることよりも、実用性を重んじたゆるやかな体系を作ることのほうに力点が置かれた。

本章では以下、寺村文法の体系を『日本語のシンタクスと意味』を軸に具体的に描き出してみたいと思う。寺村の文法体系は語論の占める比重が低く、ほぼ文論であると見てよいので、ここでは寺村の文論の体系をまとめてみることにする。寺村の文論は、大きくは単文編と複文編の二部構成になっている。このうち単文の部分は、三上の「コト」と「ムウド（ムード）」という見方を受け継ぎ、同じ名称の「コト」と「ムード」という対立概念を基本として構成されている。三上文法との違いで大きいのは、単文と複文を区別したことだけである。

寺村は単文と複文をどのように区別したのか。この点は、『日本語のシンタクスと意味』の複文編が書かれていないので、実のところ、あまり明確にはつかめない。『日本語のシンタクスと意味』では第三巻の二一六頁から二一七頁で少し触れられているだけであり、論文では「日本語における単文、複文認定の問題」（『寺村秀夫論文集Ⅰ』所収）が書かれただけである。現代言語学でも単文と複文という伝統的な概念はあまり深く掘り下げられていない。この問題は結局のところ、「節」(clause)という単位を「句」(phrase)と独立に認めるかどうか、認めるとすればどのように規定するのかに帰着する。

二節　単文論

単文論は「コト」と「ムード」という意味カテゴリーに基づいて体系化されている。コトとムードを基本に据えて体系化すること、ムードの中心である活用がコト全体を包み込むとすること、そして、「取り立て」(主題を含む)をムード内に位置づけることといった基本的枠組みにおいて、寺村文法は三上文法を受け継いでいる。活用体系の具体的内容についても、基本的に三上を継承している。さらに、コトとムードの区分けに関しても三上と同じく、文末の述語の部分ではアスペクトまでをコト、テンスからをムードとしている。『日本語のシンタクスと意味』は、二章と三章でコトを扱い、四章から七章でムードを扱い、最後の八章で構文要素の拡大という問題を扱うという構成になっている。全体的に見て、コトのほうは体系化が進んでいるのに対して、ムードのほうは体系化が未完成である。これはムードの研究がコトの研究ほど進展していなかった言語研究・日本語文法研究の状況の反映である。以下、二章から順次見ていくことにしよう。

まず二章では、コトのなかの「狭義のコト」あるいは「中核的コト」とでもいうべき、述語とそれを補う「補語」からなる構造が取り上げられている。今の言い方に従えば、「項構造」(または「述語・項構造」)についての考察である。補語(または「項」)の議論で常に問題になるのは、補語と非補語を具体的にどのように区別するのかという点であるが、寺村は補語であるかどうかを識別するための基準を提示するとともに、それに基づいて補語を「必須補語」と「準必須補語」に分けている。準必須補語を設けたのは、狭義のコトのタイプを考えるためである。寺村は三上と同じく、カテゴリー間の連続性を重視している。補語と非補語の区別についても、絶対的な境界線が引けるとは考えていない。

この章は、「コトの類型」と題されていることが示すように、補語の現れ方に基づいてコトを類型化することをめざしている。全体としては、動的事象と「品定め」を両極としてその中間に感情表現・存在表現を配置するという形になっている。三上にもコトの類型という問題意識はあったのであるが、形式重視の三上が格の組み合わせによる類型を考えたのに対して、意味重視の寺村は述語の意味タイプをもとにコトの意味的類型を考えようとする。コトの要は述語であるから、述語の意味タイプを見ることによりコトの意味的類型が取り出せるというわけである。この発想は、フィルモアの格文法、語彙意味論(lexical semantics)の考えに通じるものである。実際、寺村はフィルモアの格文法に注目し、何度もそれに言及している(例えば、「「格文法」の理論と日本語教育」(『日本語教育』二六号)を参照のこと)。

続く第三章は、中核的コトの拡大という問題における「拡大されたコトとしての態」とでもいうべきテーマに取り組んでいる。寺村は「態」を「格の移動と述語の形態との相関」と捉えたうえで、この章において独自の態の体系を提示している。国内の伝統である本居春庭流の動詞論と海外(西洋)の伝統としての「ヴォイス」の概念を結ぶ新たな体系化である。寺村は三上と同じく、国内の研究の流れと海外(西洋)の研究の流れのどちらも深く理解していた。国内の伝統と海外の伝統を踏まえたうえで新たな地平を拓こうというのが、三上・寺村流である。

寺村の態の体系は、自動詞と他動詞の対立を基本にして、その延長上に「られ(る)」と

「させ(る)」の対立を配置するという形をとっている。すなわち、態に「語彙的な態」と「文法的な態」の両方を認め、そのうえで両者の相互関係を捉えていこうという立場である。語彙(レキシコン)と文法を区別すると同時に、それらの関係がどうなっているのか(寺村は両者の連続的な関係に注目している)を考えていこうというきわめて現代的なアプローチである。体系の全体像を見据えながら個々のテーマを追究しようとした寺村の姿勢がこの章にはよく現れているように思われる。また、『日本語のシンタクスと意味』が単なる「実用文法」の書にとどまっていないことを証明している。文法的な態として受動態、可能態、自発態、使役態が立てられているが、特に、形態的に近い関係にある受動態と可能態と自発態が意味的にも近い関係にある(これに自動詞が絡んでくる)という指摘は示唆的である。このような見方は、後の研究者の多くが共有するところとなっている。

これに続く四章以下では、ムードが考察の対象になっているので、それらの章を概観する前に、寺村のムード論の要点を押さえておきたい。ムードについての寺村の基本的な見方は三上と同じように、コトを素材として話し手が自分の態度を相手に示そうとする部分であるというものである。寺村はムードを大きく「対事的ムード」と「対人的ムード」に二分する。この二分化は芳賀綏の「述定」・「伝達」の区別(『日本文法教室』(東京堂出版、一九六二)参照)を想起させるが、寺村は芳賀説には言及していない。文の組み立てに「コト」・「対事的ムード」・「対人的ムード」という三つのものを区分する寺村の見方は、仁田義雄の「素材」・「事柄めあて」・「聞き手めあて」という三層構造(『語彙論的統語論』(明治書院、一九八〇))とともに、後に続く研究者に大きな影響を与えた。ただし、寺村は、『日本語のシンタクスと意味』では対事的ムードを中心に記述しており、対人的ムードについては多くを語っていない。なお、三層構造については、ライオンズ（*Semantics* 2, 1977）を参照されたい。

これに関連して一言付け加えれば、『日本語のシンタクスと意味』に示された寺村のムード論は最終的なものではなかった可能性がある。残された草稿のなかに「新8章　情と意のムード」と題されたメモがあり、そこには次のような目次が書かれていた(この目次以外には何も見つからなかった)。

0. はじめに
1. 感情の直接的表出
2. 自分の意思の表示
3. 命令と依頼
4. 勧誘

この目次の内容は、『日本語のシンタクスと意味』の五章に「意思表明のムードについては、後の章で別にとりあつかう」（p.九八）と書かれていることと符合する。

さて、寺村は『日本語のシンタクスと意味』においてムードを「一次的ムード」と「二次的ムード」に分けている。寺村のいう「ムード」と「一次的ムード」はそれぞれmodality と mood にほぼ相当する。四章では、一次的ムードとしての活用が論じられている。寺村は活用を単に形態論の問題であるとは見ないで、活用語尾をコトを包むムードであるとする。活用を文論のなかに位置づけようとする点は、三上の活用論を受け継ぐものである。活用体系も三上のものに近いし、「確言」、「概言」といった用語法も三上のものを継承している。『日本語のシンタクスと意味』の四章では三上の活用論との関係に触れていないが、論文「テンス・アスペクト・ヴォイス」（『日本語と日本語教育—文法編—』（文化庁、一九七三））で自身の活用論が三上の活用論に基づくことを認めている。

三上の活用の見方との相違点に目を向けると、主として次の三点が挙げられる。第一に、活用体系の座標軸にテンスを加えていない。寺村は三上のテンス・アスペクト分析に多少の変更の必要性を感じたのであろう。この点については、次の五章のところで取り上げることにする。第二に、三上が活用の機能(陳述度と係りの三式)を問題にしたのに対して、寺村は活用が関係するムードの意味(「描叙類型的意味」と呼ばれる)に目を向けた。ここに寺村の意味重視の姿勢が見て取れる。そして第三に、ムードの種類の認定を先行させ、その後で活用形との対応を考えようとしている。この点もまた、寺村の意味重視の現れである。意味を重視する結果として、活用の機能を足がかりにシンタクスの問題に切り込んでいくといった三上文法の方向性を寺村が直接に引き継ぐということはなかった。『日本語のシンタクスと意味』が「実用文法」の書であるとする寺村は、四章でも次のように述べている。

本書は一貫して実用文法の書であることを志向するものであるから、本質論や原理的な問題の討論にはなるべく紙幅を費やさぬよう心がけたい。（p.一三）

寺村の言うように、寺村文法は全体として本質論・原理論を展開するといった面はほとんど見受けられない。本質論・原理論よりも具体的な分析に力を注ぐというのが、記述文法の立場である。そのような寺村文法の性格を考えるとき、四章で活用をめぐる先行研究に多くのページを割いていることは注目に値する。学校文法を批判して新しい活用を提案した佐久間鼎、ブロック、芳賀綏、渡辺実などの研究が解説されている。

文論の側面に比重を置いた寺村の活用の分析に対しては、形態論の側面を重視する言語学研究会から批判が寄せられた。とりわけ鈴木重幸「動詞の活用形・活用表をめぐって」（『ことばの科学2』（むぎ書房、一九八九））は、寺村の活用論に対する正面からの批判である。日本語記述文法のもう一つの流れを形成した言語学研究会が、寺村の文法研究に関心を示したのは当然のことと言ってよい（鈴木は三上の主語否定論に対する反論を含む「主語論をめぐって」（『ことばの科学5』（むぎ書房、一九九二））も書いている）。

活用に続いて、五章ではテンス・アスペクトが取り上げられている。テンス・アスペクトがムード論のなかで話題になるのは一見奇妙に思われるかもしれない。どうしてそうなるのか。その答えの手がかりは、この章が「確言の文」と名づけられている点にある。寺村のムード論において、「確言」と「概言」の対立は重要な位置を占める。その「確言」をテーマとする章でテンスとアスペクトが扱われているのである。寺村の活用体系のなかで確言のところを見てみると、基本形と夕形の対立が現在と過去の対立というテンスの対立として捉えられている。三上とは違って、寺村はテンスの対立を活用体系全体に及ぼすことはしなかったが、確言の部分ではテンスの対立を認めているのである。このような事情から、基本形と夕形の対立からなるテンスのカテゴリーがムードの一部を構成することになる。

ここで一つの疑問が生じる。テンスはムードの一部であるとしても、アスペクトをムードに属すると見てよいのだろうか。実は寺村自身、一章ではアスペクトをコトの中に位置づけているのであるから、問題はいっそう錯綜する。いったい、このあたりをどう考えればよいのだろうか。

結論から言うと、アスペクトがこの章に置かれるのは、テンスとアスペクトが互いに切り離せない関係にあるという考え方から来るものと思われる。具体的には、スルとシタがテンス的対立であると同時にアスペクト的対立でもあるという考え方である。つまり、アスペクトの中心である「一次的アスペクト」をスルとシタの対立と見て、同じスルとシタという形態的対立をテンスの対立でもあるし、またアスペクトの対立でもあると考えるのである。寺村は次のように述べている。

本書では、テンスは、ムードの一つである確言のムードが、時に関わる文であるときには、必ず選ばねばならぬ形式、つまりムードの一つの形式であり、アスペクトは、コトの中心をなす述語に付随して、いろいろな描叙類型的意味を添える形式の一つ、つまりコトに属する要素の一つである、と考える。両者は、しかし、基本形と過去形の対立が、先に見たようなテンス的側

面と、次に見るようなアスペクト的側面をもつというところで、いわば相互乗り入れをしていると理解される。（p.一一八）

この点で、スルとシタの対立をもっぱらテンスの対立であるとする言語学研究会の立場とは見方を異にするわけである。そのため、寺村のアスペクト論は言語学研究会から批判を受けることになる（『ことばの科学5』（むぎ書房、一九九二）のまえがきを参照のこと）。

寺村のアスペクトの記述を見ると、体系としての整合性よりも包括性に重きを置く実用主義の姿勢がよくうかがえる。アスペクトに一次的なもの、二次的なもの、三次的なものという三種類のものを認め、広範なアスペクト表現を拾い上げて記述している。三次的アスペクトになると、これらのすべてがアスペクトを表す形式なのかどうかということが問題になるだろう。また、二次的アスペクトと三次的アスペクトについてはスルとの対立を考えていない（ただし、七八頁と一一五頁ではスルとシテイルの対立を話題にしている）。総じて、寺村は二項対立の観点をあまり強く打ち出していない。この点で「二元的対立」を強調する三上とは違っている。既に指摘した形式重視と意味重視の違いということに関係するだろう。

整合性についての問題点を内包する一方で、『日本語のシンタクスと意味』には次に引用するようなアスペクト形式の「文法形式化」という興味深い着想がある。

アスペクトの一次的形式は、明らかに文法的形式であるが、二次的、三次的形式は元来が動詞として使われたものが、本来の語彙的意味や文法的特徴を失うか、あるいは薄めるかして、文法形式化したものである。（p.一一八）

寺村のこの見方はその後活発な議論を呼ぶ「文法化」の観点に通じる面があり、興味深い切り口であると思う。これに関連して、「ている」に「中心的意味」を認めたうえで「存在」の意味と関係づけているという点も注目される。

活用語尾によって表される「一次的ムード」に対して、助動詞などの補助形式によって表されるムードが「二次的ムード」である。『日本語のシンタクスと意味』の六章はこの二次的ムードを考察の対象にしている。二次的ムードの厳密な規定は見当たらないが、次のような特徴づけが与えられている。

前章で述語の活用語尾をムードの一次的形式と捉えた。それらに後接し、節全体を包んで、その内容(ふつう、いわゆる「命題」)についての話し手の態度を表わす(1)(2)のような形式は、従って、ムードの二次的形式ということになる。これらの形式の中には、伝統的な文法では、「形式体言＋ダ(形式用言、あるいは指定の助動詞)」とされる形もある(ヨウダ、ソウダ、ハズダなど)が、本書では、これらをすべて助動詞とする。(pp. 二二〇‐二二一)

二次的ムードはさらに「概言」と「説明」に分けられる。概言は活用体系において確言と対立するものだった。一次的ムード(活用)における概言としての推量形と二次的ムードにおける概言(例えば、「だろう」)との関係がわかりにくい、確言との対立という観点が強く意識されていないために確言のムードについての記述に不十分な面が見られるといった問題点はあるものの、様態・推量・伝聞を一括するカテゴリーとして「概言」を立てたことは、後の「認識的モダリティ(真偽判断のモダリティ)」の研究への道を開いた点で評価される。また、この時期に、概言をevidentialの一種と見ている点は先駆的である。

ところで、寺村はムードを対事的ムードと対人的ムードに分けるのであるが、対事的ムードであるはずの概言を「概言的報道」と名づけたのは、概言の対人性を意識したからなのだろうか。実際、ダロウの記述を見てみると、対事的・対人的の両面があるとみなしているように見受けられる。対事的な面と対人的な面のあいだのつながりということについていては、今後さらに検討する価値がある。

二次的ムードのもう一つのカテゴリーは「説明」である。寺村は説明を次のように捉えている。

これに対し、(2)の類は、現に事実としては聞き手が知っていることについて、その事態が生じた理由、原因とか、背景とか、あるいはある状況に照らしてみた場合の特別な意味、意義とかを、相手に説明しようとするものだと特徴づけることができる。(p.二二二)

この捉え方は一見したところ、恣意的な印象を与えるかもしれない(実は、私も長くそう感じていた)が、鋭い指摘である。「はずだ」は別としても、「の」「もの」「こと」「ところ」「わけ」(いわゆる「形式名詞」)と「だ」が結合して形成される「のだ」「ものだ」「ことだ」「ところだ」「わけだ」が共通の文法機能を持っていることを寺村は見抜いている。「説明」という概念は多くの場合、「のだ」に対して用いられるのであるが、寺村はそれを拡張して、その他の「形式名詞＋ダ」の形式にも適用するという創意を示した。

さらに、寺村はこれらの形式に関連して次のように書いている。

これらの語が、名詞という実質語（観念語）から、機能語（関係語）へと変身したときの機能を支える意味の複雑さは、それが助動詞化であれ、接続助詞化であれ、この種の語の特徴であるが、それは、それらが元来もっていた実質的な概念の抽象的な性格から来るものと考えてよいだろう。（p.二六四）

この指摘は、先に話題にしたアスペクト形式の文法形式化の場合と同じく、寺村が「文法化」という概念に接近していたことを物語っている。

ムードに関係するもう一つのテーマが七章の「取り立て」である。寺村はムード研究の当初から取り立てをムードの一種とみなしている。論文「ムードの形式と意味（3）」（『文芸・言語研究　言語篇』六号）は取り立ての研究である。取り立てはコトの背景（「影」）の部分と関係するということから、コトの外にあるムードに位置づけたものと思われる。

寺村は取り立ての基本を、あるコトとその「影」との対比関係（広義のもの）に見ている。これは取り立てが範列的な（パラディグマティックな）関係を基本とするという見方であるが、それと同時に、寺村は取り立てをこの章の副題に掲げられている「係りと結び」という統合的な（シンタグマティックな）関係でも捉えている。七章の記述の中心をなす取り立て助詞の分析において、「P＋取り立て助詞＋Q」という形式枠を設けて個々の取り立て助詞の文法的特徴を述べている。係りと結びという捉え方を組み込もうとしたのは、いわゆる「係助詞」を意識してのことだろうが、取り立て助詞と係り結びの関係については詳しい説明がされていない(このことは、意味重視の寺村文法がシンタクスの方面からの詳しい分析を展開していないことと関係があるようにも思われる)。それに対して、取り立て助詞が表す意味については詳しい記述が行われ、語用論的な領域にまで筆が及んでいる。前章で指摘したように、意味論と語用論の関係にも寺村は並々ならぬ関心を持っていた。

寺村は「主題(提題)」を「取り立て」のなかに取り込み、取り立ての一種として扱っている。寺村の取り立ての考え方はコトの外に主題(題目)を位置づける三上の見方を拡張したものと言えるが、主題論が取り立て論の陰に隠れるため、主題論を前面に押し出す三上文法とは少し違った印象を与える。寺村の研究の経過ということで言えば、当初は主題を特立する方式を採っていたが、ある時期から「取り立て」という、より包括的なカテゴリーを設け主題をそのなかに位置づけるという方式に変わった。題述関係(主題-解説の関係)という構造的な面を重視する三上の観点と、対比関係という意味的な面を重視する寺村の観点をどう調和させるのかが寺村文法以後の課題と言えるだろう。

取り立ての原理論に力を入れる代わりに、多くのページをそれぞれの取り立て助詞に関する丁寧な記述に当てているところは、いかにも寺村らしい。「取り立て」という用語自体は宮田幸一に由来し、宮田以後の研究にも見るべきものはあるが、分析のきめ細かさについては、寺村文法はそれまでの研究を圧倒している。

単文論の最終章である八章では、「構文要素の拡大」が論じられている。七章までがコトとムードという概念に基づいて構成されているのに対して、八章はそのような枠組みから離れて、文の骨組みとなる要素を拡大するとどうなるかという構文寄りの視点から切り込んでいる。議論の中心はこの章の副題にあるように、「連用」と「連体」である。構文要素の拡大というのは、主要部の要素に別の要素を添えて句の形に広げることである。主要部には「述語」と「名詞」があるので、拡大された構文要素は「述語句」と「名詞句」ということになる。

ここで少し注意しなければならないのは、主要部というものの捉え方である。通常の見方に従えば、主要部とそれに従属する要素が合わさって構文要素が拡大されるということになるだろう。しかし、寺村はこのような「主従的結合」の他に、「並立的結合」を挙げている。述語が並立的結合により拡大される場合の例としては連用形、テ形、タリ形、接続助詞「し」による結合などが、また、名詞が並立的結合により拡大される場合の例としては「と、や、も、に」による結合などが、それぞれ挙げられている。このように、連用と連体には並立的結合を含む広義のものと、主従的結合に限定した狭義のものがあるということである。

このうち、主従的結合については、連用と連体のどちらにも補足と修飾を区別すべきであるとしている。連用に補足と修飾を区別するのは一般的であり、「項」と「付加語」を区別する現代言語学の議論に通じるものである。寺村に特有な見方は、連体においても補足と修飾を分けようとする点である。それに関連して、寺村は名詞の「限定」の問題などにも言及しており、このあたりは連体修飾の研究に情熱を持ち続けた寺村の面目躍如といったところである。多くの研究者が動詞研究に関心を持ったのに対して、寺村は動詞研究だけでなく、名詞研究(名詞のシンタクスと意味の研究)にも力を入れている。名詞研究が立ち遅れている感のある日本語文法研究の世界でこのテーマに大きな成果をもたらした寺村の貢献は、後続の研究者への影響ということも含めて特筆すべきことである。

惜しまれるのは、『日本語のシンタクスと意味Ⅲ』の原稿が未完成原稿だったことである。とりわけ、八章の原稿は途中からメモ書きの状態で終わっている。八章の四節「呼応」と五節「添加」は連用の枠(したがって、述語句の枠)からはみ出る要素であると見られる。「呼応」や「添加」についての記述がなされていたら、単文論はさらにひろがりを見せることになったはずである。さらに言えば、「呼応」や「添加」の要素はムードに関係するように思われるので、これらの要素が詳しく分析されていれば、寺村文法のムード論もいっそうの展開が見られたのではないだろうか。

三節　複文論

『日本語のシンタクスと意味』の第三巻が未定稿だったとは言え、単文論については一応の形が整えられた。それに対して、まったく形になることがなかったのが第二部に予定されていた複文論である。複文論がどのような体系として書かれることになっていたのか我々には知るすべがない。その体系化の方針を書き残したものが現存しないからである。わずかな手がかりは、『日本語の文法(下)』と「現代日本語　文法」(『言語学大辞典第二巻』所収)である。以下では、このわずかばかりの手がかりから寺村文法の複文編の姿を思い描いてみることにしよう。

「現代日本語　文法」では、「複文の構成と種類」と題して、次のように書かれている。

前節で、単文を構成する要素の拡張を見たが、一文中に二つ以上の述語詞が現われて、それぞれが、別の補語や修飾語を伴って、ある程度のまとまった叙述内容を表わすようになると、二つ以上の「節(clause)」からなる複文が成立することになる。
複文を構成する節が並立関係にあるときは、それぞれを「並立節」、主従関係にあるときは、一方を「主節」、他方を「従属節」とよぶ。（p.一七三八）

そして、並立節、従属節に現れる述語が定形であるかどうかは不分明であり、問題は「文中に現われる動詞、形容詞が、その文全体が表わしている事態からどれだけ独立しているかということに帰着する」（p.一七三九）とされている。このように指摘したうえで、寺村は三上章による係りの述語における単式・軟式・硬式という三式の区分と、南不二男による従属句のA類、B類、C類という三類の区分を解説し、このような方向で複文の構成の分類を考えることは構文研究の重要な課題であると述べている。

『日本語の文法(下)』でも、「節の独立性、従属度」という項目において、三上の単式・複式論と南の従属句の三分類を取り上げている。また、「節と節の意味的関係」として、「並列的関係」と「主従的関係」に大別し、後者をさらに「述語(ないし節全体)を修飾・限定する」もの、「名詞を修飾・限定する」もの、「従節自体が名詞となる」ものという三種に下位分類している。そのうえで、並列的関係、述語を修飾・限定する「理由・原因」・「時の特定」・

「条件の表現」、名詞を修飾・限定する連体修飾、文の名詞化と引用、という順で問題になるさまざまな文法事項を取り上げている。

これらを踏まえて考えると、寺村の複文論はおおよそ、総論としての複文概説(ここでは節の独立性・従属度が論じられる)から、各論としての並立節(並列節)の表現、述語修飾(限定)節の表現、名詞修飾(限定)節の表現、名詞節の表現へ、というような構成になるのではないかということが想像される。構文要素の拡大という八章で示された考えが複文に応用されて、連用の節と連体の節を中心に構成されるということも考えられる。こうした想像はできるものの、『日本語のシンタクスと意味』における複文論の構成について寺村自身が書き残したものが存在しない以上、先にも述べたように、寺村の複文論の構想がどのようなものだったかは不明であると言うほかない。

このように、『日本語のシンタクスと意味』の複文編が姿を現すことはなかったのであるが、寺村が連体修飾節の研究で後続する研究に大きな影響を与えたこと(「内の関係」、「外の関係」という命名はよく知られている)、また、時を表す従属節などについて数多くの重要な論文を書いていることなど、寺村の複文研究が大きな成果を収めたことは指摘しておかなければならない。この点については、複文研究を中心にした論文選集である『寺村秀夫論文集I』(くろしお出版、一九九二)が参考になる。

四章　寺村の文法研究をどう見るか

一節　これまでの評価

まず従来の評価がどうだったかについて簡単に触れておこう。寺村の著書に対する書評はほとんど書かれていない。唯一、*Papers in Japanese Linguistics* の十一巻(一九八六)における大曽美恵子氏の『日本語のシンタクスと意味』一巻・二巻に対する書評を見つけることができるにとどまった。学界で高い評価が与えられていたにもかかわらず、書評がほとんど書かれていないのは意外である。寺村の文法研究を批評したものには、仁田義雄「寺村秀夫の人と学問」『寺村秀夫論文集Ⅱ』(一九九三)、金水敏「国文法」『言語の科学5：文法』(一九九七)、近藤泰弘『日本語記述文法の理論』(二〇〇〇)、野田尚史・砂川有里子・益岡隆志「寺村秀夫著作解題」『日本語学』十巻二号(一九九一)などがあるが、こちらも思ったほど多くない。

ここでは、金水(一九九七)の評価を見ておこう。金水は寺村の文法研究について次のように書いている。

今、日本語の文法研究において、(数の上で)主流を占めつつあるのは、寺村秀夫の影響を直接・間接に受けた研究者による現代日本語の記述文法である。寺村の文法理論の特徴をあげれば、次のようになろう。

(i)アメリカ構造主義言語学、特にS.Martin、B.Blochなどの日本語の記述文法に直接の影響を受け、初期の生成文法やC.J.Fillmoreの格文法なども採り入れている。日本の研究者としては松下大三郎、佐久間鼎、三上章から多くのものを受け取っている。学校文法、山田・時枝その他の国文法の理論には部分的に言及するだけで、活用論を含め近世国学の影響はほとんどない。

(ii)日本語教育と関連が深い(寺村自身、一時期日本語教育をしていた)。そのため、現代日本語(標準語)の細部にわたる具体的な記述を重んじ、理論的考察は背景的にしか扱わなかった。

寺村は教育者として優れた資質を持っていたので、彼が教鞭をとった大阪外国語大学、筑波大学、大阪大学で優秀な研究者が育った。また上に述べたように日本語教育との結びつきが深かったので、彼の教え子や、またその教え子がたくさん日本語教師になった。(p.一一三)

これに加えて、寺村文法とある意味で対抗関係にあったとも言える言語学研究会の寺村評価に触れる必要があるが、これについては次節で取り上げることにする。

二節　私見

それでは、以上のことを踏まえて、寺村文法をどう見るかという点について、私の考えを述べることにしよう。そのためには、まず寺村の文法研究がどのような研究の流れに位置づけられるのかということを考えておかなければならない。寺村に影響を与えたものに主として二つの流れがあると思う。一つは三上章とそれに先行する佐久間鼎、さらにそれに先行する松下大三郎である。三上との関係、三上の師である佐久間との関係はいまさら言うまでもないだろう。寺村が松下を評価していたことについては、すでに二章で話題にした。三上も松下を評価していたのだった。ここに、松下—佐久間—三上—寺村という研究の流れを見出すことができると思う。この流れは、私が「日本語記述文法」と名づけている研究の流れでもある。

もう一つの影響は、アメリカ言語学である。寺村は一九六〇年代に米国に四年間留学生・教師・研究者として滞在し、アメリカ言語学を直接摂取している。まず、ブロックとハリスというアメリカ構造言語学を代表する研究者の講義を受けていることを思い起こしたい。とりわけブロックの影響が大きかったことは間違いない（ハリスについては『日本語のシンタクスと意味Ⅲ』のp.二四〇参照)。アメリカでの日本語研究の創始者であるブロックを寺村は高く評価し、『ブロック日本語論考』(一九七五)において、ブロックの文法研究について詳しい解説文を執筆している。また『日本語のシンタクスと意味』でも、「はじめに」において三上とともにブロックの名前を挙げ、四章においてブロックの活用論を優れた分析として紹介している。

構造言語学以上に大きな影響を与えたのは、生成文法である。特にチョムスキーとフィルモアの影響が顕著であるように思う。チョムスキーの影響は一般的なものであり、フィルモアの影響は個別的・具体的なものである。チョムスキーに負っているのは、母語文法の体系をできるだけ明示的に記述しようという点である。寺村は「標準理論」を唱導した *Aspects of the Theory of Syntax* を大阪外国語大学の時代に授業でテキストに用いている。「標準理論」は、言語研究の目標の一つとして記述的に妥当な個別文法の体系化を掲げている。この目標は、寺村の日本語文法研究の目標に影響を与えたものと見られる。ブロックの構造主義による日本語文法の記述を超えるものとして、チョムスキーの生成文法(標準理論)に注目したと言ってよいだろう。

一方のフィルモアの影響はより具体的なものである。フィルモアの影響は、「格文法」を通してのものだった。フィルモアの格文法では、文は命題(proposition)とモダリティ

(modality)という二つの部分から構成される。そのような構造観に立って、フィルモアは命題の部分に限定して普遍性志向の文法理論を開発しようとしたのであった。寺村はフィルモアの格文法に共感し、命題の部分はもとより、モダリティの部分にも分析のメスを入れた。それには、三上の影響もあった。すでに何度も指摘したように、三上の文法は、文は「コト」と「ムウド(ムード)」からなるという見方に基づいていた。

寺村はまた国語学の流れの重要性も自覚していた。山田、時枝、渡辺といった国語学における文法研究にもしばしば言及している。ブロックの解説において山田の陳述論、時枝の入子型構造、渡辺の叙述・陳述の論を取り上げたというように。『日本語のシンタクスと意味』では、特に第三巻が国語学における日本語文法研究に対する寺村の造詣の深さを証明している。寺村がアメリカ言語学だけでなく、国内の伝統的な文法研究も踏まえていたことを見逃さないようにしたい。

さて、寺村文法に対する私の評価は次のとおりである。寺村の文法研究の評価にあたっては、全体を総合的に見ることが大切である。寺村文法を部分的に切り取ってその分析の妥当性を論じるといったことでは寺村文法を評価したことにはならないし、寺村の真価を見逃すことにもなる。寺村の文法研究を評価するためには評価する側に広い視野が求められる。なぜなら、寺村は日本語文法(文論)の体系的記述を行った——より正確には、体系的記述をめざして、その途上で中断を余儀なくされたということになるのであるが—からである。前章で私は寺村文法の体系を描き出そうとしたのであるが、その試みが十分に成功したという感覚は持てない。それほど寺村文法の世界は広い。

寺村は日本語文法の体系的記述の「標準モデル」を示したと私は見る。標準モデルとは、次代の研究者が自らの研究を展開するための出発点となるということを意味する。一例を挙げれば、『日本語の文法(全四巻)』(岩波書店)は日本語文法の体系的記述をうたっているが、その文論の部分は寺村モデルに近似する。格、ヴォイス、副詞的修飾、テンス・アスペクト、否定、取り立て、モダリティ、複文という項目の並べ方は大枠として、コトの類型から、ヴォイス、活用、テンス・アスペクト、ムード、取り立て(その後に複文論が配置される)へという寺村文法の並びにかなりの程度に平行的である。

寺村と同世代で体系的な記述モデルを提出した日本語文法研究者は多くはいない。同じように広範な影響力を持つのは『日本語文法の輪郭』(大修館書店、一九九三)に示された南不二男の記述モデル—これを「南モデル」と呼ぶことにしよう—である。南モデルは文構造の階層性に着目するというきわめて独創的なモデルではあるが、寺村モデルほどには記述量が多くない。これは、寺村が日本語教育に有用な「実用文法」の作成をめざしたという点のユニークさに関係するだろう。既に繰り返し述べたように、寺村文法は寺村の日本語教育の実践に深いかかわりがある。寺村文法が日本語教育を背景として成立したということはいくら強調しても強調しすぎるということはない(もっとも、先に指摘したように、寺村文法の実用性というのは一つの面に過ぎず、もう一つの面に文法論としての寺村文法があったということも強調する必要があるのだが)。

寺村文法の大きな功績は「文の意味」に踏み込んだことである。文の意味の考察は、寺村以前の文法研究ではあまり重要な課題とはみなされていなかったようである。文の構造を扱う構文論(統語論)においてさえ十分な深まりが見られなかった時代に、寺村は文の意味を追い求めた。晩年には「意味研究ノート」に着手するまでになっている。文の意味の追究のためには語用論の領域に分け入ることも必要になるのであるが、寺村はそれをもいとわなかった。意味論と語用論の関係を厳密に検討するところまでは至らなかったものの、語用論の領域も射程に入れながら、取り立て表現や連体修飾表現の意味分析を試みた。構文論への取り組みが不十分であり、その点では三上文法を大きく発展させることはなかったと見る向きもあるかもしれないが、それは望みすぎというものではないだろうか。寺村の時代には構文論は既にきわめて高度な専門性を獲得していた。その専門化された水準から寺村文法の不徹底さを云々するのは行き過ぎである。実用文法という面から見ても、専門性の高い(そして、抽象度の高い)構文論を展開することには無理がある。寺村文法は文法論であるとともに、実用的な文法記述でもあったということをここでも忘れないでおきたい。

ここで、寺村と同世代の現代日本語文法の研究者を瞥見しておこう。国内の学統を代表する国語学の世界では渡辺実や北原保雄がいる。渡辺の代表的著作は『国語構文論』(塙書房、一九七一)と『国語意味論』(塙書房、二〇〇二)であり、とりわけ、独自の体系的な構文論を提示した前者は日本語文法研究における一大成果である(寺村は『日本語のシンタクスと意味』で渡辺の文法研究を「渡辺文法」の名で取り上げている)。北原には『日本語助動詞の研究』(大修館書店、一九八一)や『日本語の文法』(中央公論社、一九八一)などの著書があり、現代語文法だけでなく古典語文法にも目配りしながら構文論を中心とした研究の成果を発表している。

言語学の世界では久野暲や黒田成幸がいる。久野も黒田もアメリカに研究拠点を置き、精力的に研究活動を展開している。久野は「機能的構文論」と自ら名づけた観点から、日本語を中心に言語学としての文法研究を行っている。日本では、日本語で書かれた『日本文法研究』、『談話の文法』、『新日本文法研究』(いずれも大修館書店、一九七三、一九七八、一九八三)がよく知られている。黒田はチョムスキーのもとで博士論文を書き、生成文法の枠組みで影響力のある著作を書き続けている生成文法研究者である。日本語で書かれた論考は少なく、多くは英語で書かれているため、その業績は言語学の専門家以外にはあまり知られていないかもしれない。寺村は久野と黒田のどちらとも交流があった(七十年代の大阪外国語大学大学院の授業で久野と黒田の著作がしばしば話題になったことは、私にとっては懐かしい思い出である)。

さらに、寺村のアプローチに近い記述文法(的)研究の世界では南不二男、鈴木重幸、高橋太郎、奥津敬一郎などがいる。南は階層構造に基づく独自の記述モデルを開発した研究者であり、『現代日本語の構造』や『日本語文法の輪郭』などの著書がある。鈴木と高橋は奥田靖雄をリーダーとする言語学研究会で文法研究を指導した研究者であり、鈴木は『日本語文法・形態論』、『形態論・序説』などの著作を、高橋は『現代日本語動詞のアスペクトとテンス』(秀英出版、一九八五)、『動詞の研究』(むぎ書房、一九九四)などの著作を書いている。奥津は寺村と同じようにアメリカ言語学の影響を受け、『生成日本語文法論』(大修館書店、一九七四)や『「ボクハ　ウナギダ」の文法』(くろしお出版、一九七八)などを刊行し、また日本語教育にもかかわった。

このうち、特に鈴木と高橋が属する言語学研究会は、現代日本語の体系的な記述文法研究に大きな業績を挙げた研究グループである。寺村も言語学研究会には注目していたようで、この研究グループのテンス・アスペクト研究については『日本語のシンタクスと意味』

の五章で検討を加えている。言語学研究会のほうも寺村の研究を評価し、『ことばの科学5』(むぎ書房、一九九二)の序文で次のように書いている。

日本語教師としての寺村が発見した、完成相と継続相とのつかいわけにおける学習者たちのあやまりは、工藤のアスペクト論を刺激する。寺村が「タ」の意味をしらべるとき、構文論的な条件を考慮のなかにとりいれている。この論文集で奥田は、寺村が説明の概念をひろげたことを、承認するかしないかはべつとして、たかく評価している。かけば、日本語の研究者としての、日本語の教師としての寺村の功績は、三上章のそれに匹敵して、たくさんあるだろう。(p.五)

その一方で、寺村の分析が形態的側面を適切に捉え得ていないと述べ、形態素を文の直接の構成要素であるとする寺村の「形態素主義」を批判している(鈴木重幸「動詞の活用形・活用表をめぐって」(『ことばの科学2』)など参照。ちなみに、三上も「わたしは、むしろセンテンスはモルフェム(辞)から成るものと見ておきたい。」(『日本語の構文』p.六三)と述べている)。

本書で特に強調したいのは、寺村文法と三上文法との実質的な連続性・継続性を見逃してはならないという点である。これまでの見方では、三上の文法研究と寺村の文法研究の系譜性は理念的な面が中心であるとされてきたように思われる。私の考えでは、両者は理念的な面だけでなく、その実質的な内容についても決定的なつながりがある。三上が開いた日本語記述文法のフィールドを寺村が引き継ぎ、それを確立・定着させたと私は見る。このあたりのことは第三部の中心テーマであるので、詳しくはそこで述べることにしたい。さらに、寺村が確立・定着させた日本語記述文法の今後をどのように考えればよいのかということにも触れる必要がある。この問題についてはプロローグで個人的展望を書いてみたいと思う。

最後に、寺村の研究者・教育者としての資質の一端に触れておきたい。寺村には超俗的なところ(あるいは、芸術家的なところと言うべきか?)があり、この点は三上と共通するように思う。このような人間的な面での共通性も、二人が意気投合した理由の一つではないだろうか。三上と少し違うとすれば、寺村には超俗性に対立するとも見られる、まわりの人々とのわけへだてない付き合いを大切にする面もあるという点である。共同研究をリードしたり、出版関係の企画(例えば、「日本語文法セルフマスターシリーズ」や「フロンティアシリーズ」)を立てたりするというような仕事もこなしている。与えられた環境・状況のなかで何をすべきかがよく見えていたのではないか。教師としても優れていた。学生の資質をうまく引き出し、ひとり立ちできるように指導する力があった。追悼文集『流星』でも多くの人が寺村の教師としての優秀さを指摘している。寺村の影響力はその卓越した指導力による部分も大きいように思う。

寺村の研究上の優れた資質としては、言語現象のディテールを観察する具体のレベルと全体を眺望する抽象のレベルを行き来できるということが挙げられる。また、内発性を重んじ、問題解決よりも問題提起のほうにより力が発揮される。これらの点でも三上によく似ている。三上と少し違うところは、自分の考えをわかりやすく提示できたことである。寺村が同時代に受け入れられたのは、時代状況もあるが、寺村の「わかりやすさ」も作用したように思う。ただし、これは寺村の著作が読みやすいという意味ではなく、三上の「わかりにくさ」に比べてということである。三上の「わかりにくさ」と寺村の「わかりやすさ」がそれぞれどこから来るのかは一考に値する。

寺村は二十五年という比較的短い時間で大きな業績を挙げた巨匠である。二十五年と言っても、寺村が実際に与えられた時間はさらに短かった。教育に、そして行政的な仕事に忙殺されたからである(しかも、健康上の不安も抱えていたのである)。この点でも、長く高校の数学教師を勤めた三上が自分のために割く時間をそれほどは持てなかったと思われる状況とよく似ている(とかく「忙しさ」を言い訳にしがちな我々は、三上と寺村の時間との格闘に思いをいたす必要があるだろう。これは、もちろん自戒を込めてのことである)。

三部　三上文法から寺村文法へという系譜

一節　はじめに

第三部では、既に話題にした三上文法から寺村文法へと連なる系譜について詳説したいと思う。

本書で強調しなければならないことは、二人の文法研究のつながりが非常に実質的なものであるという点である。二人の間に師弟関係があり、その結果として両者に研究上の系譜性があるということは、今日多くの人が認めているだろう。両者のつながりを見ようとする場合、基本姿勢や目標・方法という理念的・一般的な面と文法体系のありようという実質的・具体的な面の両方を吟味する必要がある。

これまで認められてきたのは、主として理念的・一般的な面である。確かに、この面での系譜性は疑いがたい。まず基本姿勢はどうか。三上と寺村の特徴は、先入観を排し、自分の頭で考えそれを自分のスタイルで表現するという内発的な研究の姿勢にある。ただし、このことは先行研究に無関心であるということを意味するものではない。三上も寺村も先行研究には十分目配りしている。広範な先行研究を踏まえているとさえ言ってよい。そのうえで、二人は徹底して自分の頭で考え自分のスタイルで語っている。そこから自然に独自性がにじみでてくることを読者は感じとるはずである。さらに、既存の問題を解決すること以上に、それまでに研究者の視野に入っていなかった新たな問題を提示することに力を注いでいる。

二人のあいだに多少の違いがあるとすれば、それは三上の表現スタイルのほうがよりラディカルであるという点である。前時代・同時代の研究状況に対する三上の言葉は、いまさら言うまでもなく、激しい批判の色調を帯びている。このことは主語否定論に典型的に現れている。現代の読者にとっては、なぜここまで戦闘的でなければならないのか不可解であるかもしれない。これは三上の性格に帰されるべき面もあるだろうが、それだけではなく時代的状況という面も考慮すべきだろう。時代的状況については次節で取り上げる。

三上に比べると、寺村の表現スタイルは一見したところ柔和であり、文章中に強い批判の言葉は見られない。寺村の著作を戦闘的だと感じる読者は少ないだろう。もっとも、これは表現スタイルについてのことであり、寺村の著作全体を眺めるとき、寺村が前時代・

同時代の研究状況に批判的でなかったと考えるのは的を射ていない。このことは、やはり指摘しておきたいと思う。

次に、三上と寺村の文法研究の目標と方法について。三上は現代日本語の実用的なシンタクスを打ちたてようとした。彼のいうシンタクスとは、既に何度も述べたように、文の形式と意味の関係を明らかにしようとする文論に当たるものである。そして、文論研究を軌道に乗せるために採った方法は、用例を含む多量のデータの観察に基づいて種々の規則性を見つけ出してそれらを組織化しようというものだった。このようなアプローチを本書では「記述文法」と名づけたのであった。三上はこの意味での記述文法における文論研究というフィールドを自力で開拓した。寺村の目標と方法も同じである。寺村のいう「シンタクスと意味」とは、文の形式と意味の相関を明らかにしようとする文論に他ならない。その方法も、データを丁寧に観察することにより、規則性を見出し、それらを体系化しようとするものである。寺村は三上が開拓した記述文法による文論研究を受け継ぎ、より精密で具体性のある体系を作りあげたのである。寺村の示した体系が日本語記述文法の標準的なモデルとなっていることは既に述べたとおりである。

二節　実質的系譜性と時代的状況

本書で特に強調したいのは、三上文法の体系と寺村文法の体系がその実質において共通する部分が大きいという点である。従来の見方では、両者の文法体系が近似的な関係にあるとされてはいなかった。例えば、仁田義雄「寺村秀夫の人と学問」（『寺村秀夫論文集Ⅱ』所収）では次のように書かれている。

「コト」とか「ムード」とかいった三上の用語を使いながら、寺村も自らの文法記述を進めてはいるものの、寺村は、三上の直線的な継承者といったものではなかった。寺村は、もう少し深いところで三上と結び付いている。

（p.三六六）

これに対して本書では、両文法を照合した結果、寺村文法は三上文法の体系を引き継ぎそれを発展させたものであると見る。それは何よりも、二人の文法が体系の枠組みを共有するからである。すなわち、文をコトとムード（ムウド）という二大構成要素に分け、ムードの中心に活用を置き、主題・取り立てをムードのなかに位置づけるという枠組みの骨格が共通である。そのなかをより詳細に見ても、コトとムードの具体的な区分けが共通していること(述語部分で言えば、ヴォイス、アスペクトまでをコトとみなし、テンス、狭義ムードをムードとみなしている)、活用体系が近似していること、寺村文法が三上文法で提題の形式とされていた「ハ、モ、デモ」などを拡張して取り立ての形式としたことなども両文法の近さを示している。さらに、コトの類型という発想、確言(定言)・概言という概念、連体と連用の重視といった点でも両者は重なり合っている。三上が問題にしたもので寺村に引き継がれなかったのは敬語法、「コソア」、省略、語順くらいのものである。

唯一大きな相違と言えそうなのは、三上が「係り係られ」という構文的依存関係を重視する立場から、単文と複文の区別を否定し、その代わりに単式・軟式・硬式という三式を立てたのに対して、構文的依存関係に深入りしなかった寺村が単文・複文という伝統的な区別を認めたことである。だが、これとても細部を見れば、両者のあいだにそれほどの距離がないことがわかる。と言うのは、寺村が節の陳述度ということを考えているからである(ちなみに、三上も「陳述度」という用語を使っていた)。例えば、論文「連体修飾のシンタクスと意味—その1—」(『寺村秀夫論文集I』所収)に次のような文章がある。

全体を通じて、陳述度、モダリティの度合い、ということが問題になる。この点はさらによく考えねばならぬことが多いが、先に内の関係の場合に考えたことも思い合わせ、以下の記述を簡略にするために、言い切り節の陳述度を、無理を承知で一応数字化しておこう。（p.二六九）

節の陳述度を問題にするということは、単文と複文が単純に区分けできないということであり、三上の考えに近いわけである。さらに言えば、寺村も三上と同様にカテゴリーの連続性を重視する立場を取っている(例えば、『日本語のシンタクスと意味Ⅰ』一章五節参照)。

三上文法と寺村文法のあいだにはこのような実質的系譜性が認められるのであるが、これまで両文法が近似性をあまり感じさせなかったのはなぜだろうか。その原因の一つは二人が置かれた時代的状況・研究環境の違いであるように思われる。研究環境の違いというのは次のようなことである。三上は日本語文法研究に心血を注いだ時期の大半を数学教師として過ごし、学界の内部に身を置いてはいなかった。だからこそ、自由な立場から独自の研究活動を続けることができたという面もあっただろう。一方、寺村は長期にわたって日本語教育にかかわった。日本語教育という環境が寺村の文法研究に与えた影響は小さくない。寺村が「実用文法」をうたったのは、日本語教育の現場にいたことが決定的に作用している。寺村は日本語教育という環境を最大限に生かしたとも言えるだろう。

学界での三上文法の受容が遅れ、寺村文法の受容が早かったのは、このような研究環境の違いだけでなく、時代的状況の違いが大きかったように思われる。母語研究としての日本語記述文法の研究の機運が高まったのは、七十年代前半である。そのような流れを促進したのは、言語研究における母語研究重視の動きと日本語教育における母語研究の必要性の高まりである。そして、三上の研究はそのような文法研究の転換期以前に行われ、寺村の研究はその多くがそれ以後に行われたという点で、両者の状況は対照的だった。日本語教育にかかわっていたことに加え、アメリカにおける言語学の新展開を知っていた寺村にとって、七十年代前半の転換期は追い風になったはずである。寺村は母語研究としての日本語記述文法研究において指導的な役割を担うことになる。とりわけ八十年代に入って日本語記述文法の研究が本格化するとともに、寺村文法は強い影響力を持つようになった。寺村の主著『日本語のシンタクスと意味』は、またたくまに多くの若い研究者の必読書になったのである。

三上の時代的状況はまったく違っていた。三上は自らの文法研究の成果を発信する先がほとんどなかった。孤立的状況と言ってもよい。時代が三上の研究を受け入れる段階に達していなかったということである。三上は生前あまり多くの理解者・支持者を持つことはなかった。三上文法の評価が高まったのは、三上没後の七十年代前半の転換期だった。没後に復刊された『現代語法序説』、『現代語法新説』、『続・現代語法序説』は大勢の若い読者を獲得した。『月刊言語』の一九八一年一月号の特集「日本文法のすすめ1」では、大槻文彦、山田孝雄、松下大三郎、橋本進吉、時枝誠記と並んで、三上章が取り上げられている(その他に、佐久間鼎と三尾砂も)。三上も寺村も「実用文法」を標榜していたが、実用性という面でも、三上が目を向けていた国語教育の世界よりも、寺村が目を向けていた日本語教育のほうが受容しやすかったと言える。

同時代の人々に受容されるかどうかはやはり受容側の状況が大きいということを感じないではいられない。だが、それと同時に、評価されるべきものなら、たとえ同時代に受容されなくても時間の経過とともにいつか受容されるようになる、ということもまた必然である。三上文法は七十年代前半の転換期以後、高い評価を獲得することになる。寺村文法のほうは同時代に受容され、その後も高い評価を維持している。このように、受容に至る時間の長さは異なっているが、現在では、三上文法と寺村文法はともに日本語文法研究の世界でゆるぎない評価を得ている。

三節　日本語文法研究の広がり

時代的状況の変化ということに関連して、ここで、三上の時代から寺村の時代にかけて日本語文法研究がどのような広がりを見せたかについて少し述べておきたい。この点については、言語研究との関係という研究分野における面と、国内・海外という地域的な面に分けて考える必要がある。

まず、研究分野における広がりについて。三上文法が学界に発信された五十年代と六十年代は、日本語文法研究が国内の言語研究において重要な位置を占めるということはなかった。一つの指標として、日本言語学界の学会誌である『言語研究』を見てみると、五十年代から六十年代にかけては日本語文法を対象とした論文の掲載数は多くない。五十年代前半と六十年代後半とでは少し様子が違ってはいるが、総体としてこうした傾向が見られることは否定できない。

ところが、寺村文法が学界に発信された七十年代と八十年代になると状況が様変わりする。言語研究における日本語文法研究の比重が高まったのである。これには生成文法の影響が強く働いたように思われる。日本における生成文法研究が日本語を対象とする日本語生成文法の研究を促したことは自然な流れである。再び『言語研究』に目を向けると、七十年代から八十年代における掲載論文のなかには日本語文法を対象としたものがかなりの数に上っていることがわかる。

このような傾向は一般誌にも反映される。七二年に創刊された『月刊言語』(大修館書店)の特集を調べてみると、日本語文法にかかわるテーマでしばしば特集が組まれていることに気づく。八一年一月号・二月号の特集「日本文法のすすめ1・2」はその代表的事例である。ここで個人的な回想をさしはさむと、『月刊言語』が創刊されたころに勉強を始めた私のような人間の目には、日本語文法研究と言語研究のあいだに障壁があるようには映らなかった。七十年代から八十年代を通じて私のそのような印象が変わることはなかった。

次に、もう一つの地域的な広がりについて。五十年代から六十年代にかけては、日本語文法研究はほとんど国内に限定されていた。そのため、日本語文法研究の状況を知りたいというとき、国内の研究を見ているだけでもそれほど問題はなかったはずである。海外での日本語文法に対する関心があまり高くなかったこの時代、日本語文法研究はいわば「内向き」の状態にあったのである。

ところが、七十年代、八十年代と時代が進むにつれて、日本語文法研究は外に開かれていく。海外で日本語文法に対する関心が高まり、日本語文法研究も盛んになっていった。これには、海外における日本語学習・日本語教育への関心が強まったことも影響しただろう。日本語文法と日本語教育の専門家だった寺村がしばしば海外に出張することになったのも当然である。寺村はアメリカだけでなく、中国、韓国、フランス、オーストラリアなどに出向いている。ここでは、その一例として八五年にフランスでのシンポジウムに参加したことを記しておこう。このシンポジウムについては寺村自身が「フランス「現代日本研究シンポジウム」に出席して—報告—」(『日本語教育』五七号)という報告文を書いている。それによれば、このシンポジウムは「現代日本文化における革新」というテーマでフランスのスリジ・ラ・サールで開催された。寺村は「「人間関係とことば」をめぐる分科会の発表と討論の司会者として参加した」(同報告p.一一七)ということである。

このように、三上文法が世に出た時代と寺村文法が世に出た時代とでは、日本語文法研究が言語研究に占める位置やそれが研究される地域の範囲が大きく異なっている。ひとことで言えば、寺村文法の時代になると、三上文法の時代にはなかった研究の広がりが見られるようになったということである。こうした状況の違いも、前節で述べた両者の受容のされ方の違いに深く関係するように思う。

四節　寺村から見た三上文法

次に、寺村が三上文法をどのように見ていたのかということを話題にしてみたい。寺村は著作の随所で三上の文法研究に言及しているが、最もまとまった形で三上文法を取り上げているのは三上の『続・現代語法序説』(くろしお出版復刊)に添えられた解説である。この解説は三上の一周忌である一九七二年九月に執筆されたものであり、十四頁に及ぶ力作である。三上に対する寺村の親愛の情が満ちあふれるこの解説文は三上文法への優れた道案内になっている。以下では、寺村が見た三上文法の風景をこの解説文を通して追体験してみたい。具体的には二つのことを考えてみる。一つは三上文法の中身をどう捉えたかということであり、もう一つは表現者としての三上をどう見たかということである。

まず、三上文法の中身について。寺村は三上文法の出発点が主題・主語・主格というテーマにあり、この問題が三上文法の中心に位置すると見ている。これに関連して話題にしておきたいのは、寺村が亡くなる直前に執筆した三上に関する解説文(ドイツで企画された *Lexicon Grammaticorum* のために Lewin 教授の依頼を受けて執筆したもの)のなかで三上の最大の業績として主語否定論を挙げているという事実である。これは三上の主語否定論の意義を寺村がいかに重く受け止めていたかの証左である。

寺村は、三上の主語否定論が「日本語の特質を、たえずヨーロッパ語、ひいては言語一般の普遍性との対置において捉えようとした」(p. 二三八)三上の姿勢をよく表していると力説する。さらに、「桑原武夫氏は『展望』(72・1)の追悼文の中で、三上章を「戦後の土着主義の先駆者」と呼んだが、ミカミさんは土着主義に徹することこそ普遍へ通ずる最も確かな道であることを示した見本であるとも言えよう」(p. 二四三)とも書いている。ここに寺村が三上に共鳴した理由の一つがあると考えられる。寺村もまた、諸言語を背景にして日本語を掘り下げていくことが普遍に通じる道であると考えていたように思われる。

三上文法におけるもう一つのキーワードとされるのが活用の問題である。三上は伝統的な活用体系を否定し、「ムードを軸とした(普遍的な)活用形の整理」を行ったと寺村は考える。「コト」と「ムード(ムウド)」を分けたうえで活用をムードのなかに位置づける三上を高く評価している。寺村自身も活用の問題を何度も取り上げ、三上の活用研究を受け継ぎながら自分の活用論を展開していった。三上の活用に対するこだわりと寺村の活用に対するこだわりが共鳴して合奏曲として聞こえてくるかのようである。

活用形に基づく用言の係り結びの様式の分析にも寺村は注目する。単式・軟式・硬式の三式を区別しながら構文の分析を試みる三上の手法を評価している。自身の文法のエッセンスを書き記した「現代日本語　文法」(『言語学大辞典二巻』所収)においても、寺村は「複文の構成と種類」の項で三上の三式を紹介・解説している。三上の三式の見方にこれほど強い関心を寄せた寺村が自身の文法体系においてどのような複文論を展開しようとしていたのかは、後代の研究者が最も知りたいと思うことの一つだろう。

次に、表現者としての三上を寺村はどのように見ていたのかというテーマに移ろう。この問題について、ここでは二つの点を指摘したいと思う。一つは三上の前衛性について、そしてもう一つは三上の表現スタイルについてである。このうち三上の前衛性については、『文法小論集』に対する寺村のコメントのなかに「自分のいささかも衰えない前衛的な問題意識に立っての…」（p.二四三）というくだりがある。さらには、三上を「一団となって走る長距離競争の先頭集団の中に、いつの間にかトラックをひと廻り（あるいは二廻りも三廻りも）して来て再び大まじめに先頭を走っている、並外れた脚力のランナー」（p.二四四）にたとえてもいる。他のランナーをはるか後に置いて走り続けるランナーとはまさしく前衛的存在そのものである。

続いて、三上の表現スタイルが寺村の目にどう映ったのかという点であるが、寺村は三上の著作について、「ミカミさんの本はいずれも密度が極めて濃く、当たりまえのこと（と本人が思うこと）はできるだけ端折っている上に、独特の用語が次々に出てくるために読者はその思考の展開を追っていくのに難儀することがしばしばだが、…」（p.二四〇）と書いている。この寺村の評言は、普通の（一般に通用する）言葉で表現するには着想があまりにも独創的で豊かだったということを意味しているものと思われる。そして、このような特徴づけは寺村自身にも当てはまるところがあるように私は思う。はたして、寺村は自己をどのように見ていたのだろうか。

五節　二人の文法研究のこと

最後に、二節と三節で述べたことに多少の補足をして第三部を閉じることにしよう。三上と寺村は置かれた環境が異なっており、そのことが二人の文法研究のあり方に反映されていることは否定できないと思う。そうであるとしても、既に指摘したように、三上と寺村には文法研究観に共通するものが認められる(そして、それが私には二人の偉大さとして映るのである)。二人はともに、通説にとらわれることなく言語事実を直視し、そこから生まれる問題群を徹底して自分の頭で考え、自前の文法体系を構築しようと努力し続ける研究者だった。文法研究者に対して用いるのは不適当であるかもしれないが、「巨匠」という言葉をあえて使いたいと思う。そのスケールの大きさのため、既存の枠には収まりにくいところがあり、学界内部よりも学界の外でより高い評価を受けることになる。三上の場合、特にこのことが当てはまる。生前、三上文法が国内の学界で十分に評価されることはなかった。七十年代の最後に出版された『日本の言語学』(大修館書店)には、それまでの代表的な日本語研究の成果が数多く収録されており、文法研究にも二つの巻があてられているが、そこには三上の研究は全く掲載されていない。このことは三上文法に対する学界の一般的な評価を象徴的に表すものだったと思う。その一方で、三上の文法研究は海外の日本語研究ではしばしば取り上げられ、海外のそのような流れに影響を受けた国内の研究者にもよく引用されることになる。

寺村の文法研究は三上に比べると、生前、学界での評価は間違いなく高かった。それでも、最も評価されたのは日本語教育の世界でのことであり、国語学会や日本言語学会での評価は十分に高いものとは言えなかったのではないだろうか。主著である『日本語のシンタクスと意味』がこれらの学会の学会誌で書評の対象になることはなかった。寺村文法の信奉者は数多くいたものの、国内の学界で表立って取り上げられることは意外に少なかったように思う。

しかしながら、二人とも没後、その評価が高まった。二十一世紀初頭の現在において日本語文法研究を語ろうとするとき、三上文法と寺村文法を無視することはとうていできない。繰り返し指摘したように、三上も寺村も既存の問題を解決することよりも、新たな問題を提起することのほうに精力を傾けた。フロンティア精神にあふれていたと言ってよいだろう。そして、三上と寺村が提起した問題に取り組もうとする後代の研究者が出てくることにより、そこに一つの学統が生まれでた。二人の研究は完成されたものというよりも、後続世代に受け継がれる源泉となった。大きな流れとして見れば、母語のありふれた言語現象からさまざまな規則性を取り出し、それらを体系化しようとする母語文法の研究、すなわち、本書でいう「日本語記述文法」というフィールドを築きあげたということである。

エピローグ　日本語記述文法のこれから

一節　はじめに

本書のエピローグとして、三上によって開拓され寺村によって確立されたと考えられる日本語記述文法のこれからを展望してみたいと思う。

まず、記述文法についてもう一度考えてみることにしよう。本書で「記述文法」と言うときの「記述」は「記述言語学」と呼ばれるものに関係する。そこで、記述言語学から生成文法への展開をごく簡単に整理しておこう。その展開とは米国における言語学の変遷のことである。米国では五十年代後半から六十年代前半にかけて記述言語学から生成文法への転換が起こった。その主役は言うまでもなくチョムスキーである。チョムスキーはハリスやブロックに代表される記述言語学(構造言語学)を克服するものとして生成文法を創始した。

帰納的な傾向の強い記述言語学から演繹的な生成文法への転換が行われたわけであるが、生成文法の登場は言語学の世界に理論言語学という分野をもたらした。チョムスキー自身は生成文法を初期理論、標準理論、ＧＢ理論、ミニマリスト・プログラムというように段階的に展開させていった(『言語の科学６：生成文法』(岩波書店、一九九八)参照)。それに触発されて、チョムスキーとは異なる生成文法の諸流派も次々に姿を現した(『統語論入門・下』(アイバンA．サグ他著、郡司隆男他訳(岩波書店、二〇〇一))の「補遺B：生成文法小史」参照)。その様子はまさに百花繚乱だった。

一方、生成文法に反発する流れも現れた。生成意味論とそれに続く認知言語学、機能主義言語学、言語類型論などである。これらの反生成文法の流れは一枚岩ではなく、まとめて特徴づけるのは難しいし、さらに言えば、適切ではないだろう。しかし、ここでは本書の趣旨を明確にするために敢えて単純化した言い方をすれば、反生成文法の諸流派とは生成文法の洗礼を受けその影響のもとに発展した記述言語学である。その意味では「新記述言語学」と呼ぶこともできる。新記述言語学は旧記述言語学に比べて、演繹的な色彩が濃く、また、母語話者の持つ言語知識というものへの関心が強い。こうした点では、旧記述言語学と生成文法のあいだに位置するとも言える。

このような意味における新記述言語学の文法版を「新記述文法」と呼ぶことにすれば、「新記述文法」とはデータの観察による帰納ということにとどまらないで、データの背後にある母語話者の言語知識にも目を向けようとする文法であるということになる。このような「新記述文法」を日本語を対象として実践したものが、寺村文法に代表される日本語記述文法であると言える。この意味において、金水敏「国文法」(『言語の科学5：文法』(岩波書店、一九九七）が寺村の影響下にある日本語文法研究の流れを「新記述派」と名づけているのは、その意図は別としても、本書にとっては的を射たものになっている。

二節　拡大記述文法と実用文法

次に、寺村文法以後の課題を考えてみたい。寺村文法による「標準モデル」以後の展開の可能性をどのように見ることができるのか、という問いに対する個人的な回答を示してみたいと思う。このテーマについては、大きくは二つのポイントがある。一つは文を超える「談話・テクスト論」の展開ということであり、もう一つは「文論」における今後の展開ということである。

まず、談話・テクスト論の展開について。考察の範囲を文を超える領域に広げていくことの重要性は以前から言われているが、まだ未開拓の部分が少なくないように思われる。文は談話・テクストのなかで用いられるのであるから、文の研究にとっても談話・テクストという観点は大切である。また、談話・テクストの文法の解明そのものも重要である。語学教育や自然言語処理といった分野への貢献という意味でも、談話・テクストの文法を充実させていくことは不可欠である。文法研究が文論研究にとどまっているということでは、語学教育や自然言語処理などの分野からの要請に応えることはできないだろう。寺村文法を超えていこうとするときの一つの目標は、このような談話・テクスト論の本格的な建設である。そして、談話・テクスト研究の本格的な建設には、これまでの文論研究とは異なった道具立てや方法が必要になるだろう。語用論(運用論)との関係をどう見るかといった課題にも取り組む必要がある。もっとも、談話・テクスト論について具体的な研究プログラムを持っていない私としては、この問題についてこれ以上踏み込んで述べることはできない。

次に、文論における今後の展開のほうに話題を切り替えよう。より正確には、日本語記述文法における文論研究の今後の展開という課題である。このテーマについては拙論「日本語記述文法の新たな展開をめざして」(『月刊言語』二〇〇二年一月号)で概観したことがあるので、以下では、そこで述べ足りなかった点を補いながら、日本語記述文法研究の新たな可能性を探ってみようと思う。

そのためにはまず、日本語記述文法研究に対する現状認識をつまびらかにしておく必要がある。寺村文法の集大成である『日本語のシンタクスと意味』が刊行された八十年代以後、日本語記述文法研究は細分化の傾向が強まり、大枠を変えることなくディテールを詰めていくという状況が一般化したように思われる。その結果、研究の量的な拡大には目を見張るものがあったが、枠組み自体を問い直すようなインパクトのある研究が少なくなったのではないか。研究プログラムがかなりの程度に飽和状態に達したと言ってよいと思う。研究成果が量的には飛躍的に増えているにもかかわらず、研究が大きく前進しているという印象は持ちにくい。そのような状況を明確な言葉にしている代表例が野田尚史「日本語学の解体と再生」(『日本言語学会第一二二回大会予稿集』(二〇〇一年))である。野田は「無目的に現代日本語を記述するだけでは限界がある」(p.三〇)と言う。

目標の不明確な文法記述には限界があるという認識は私も同じである。日本語記述文法研究が転換期を迎えていると言い換えてよいと思う。このような現状認識から、私は新たな研究プログラムの設定が必要であると考えている。その一つの具体案として、先に触れた拙論(二〇〇二)では、寺村文法に未分化に含まれていた基礎研究に向かう方向と実用性を重視する方向を分けて考えることを提唱した。つまり、記述文法の基礎研究としての側面(これを「拡大記述文法」と呼んだ)と応用的研究としての側面(これを「実用文法」と呼んだ)を分化させたうえで、それぞれの展開を図っていこうという考えを提出したのであった。

三節　拡大記述文法

これらのうちまず、「拡大記述文法」を取り上げることにしよう。前記拙論では拡大記述文法を特徴づけるものとして四つのキーワードを挙げておいた。「諸言語との対照」、「通時的パースペクティブ」、「一般化の追究」、「意味分析の深化」がそれである。

このうち、「諸言語との対照」と「通時的パースペクティブ」というのは、母語の文法の研究を深めていくために、母語を距離を置いて眺めることによりそれを相対化しようとするものである。母語だけを見ていたのでは見えにくい面も、諸言語と対照したり、通時的なパースペクティブのもとで考察したりすることで、よりよく見えてくるのではないかということである。そのことがひいては言語の個別性と普遍性という一大研究テーマにもつながっていき、その研究課題に多少とも貢献できるのではないかと思う。

現代日本語の内部においても、諸方言の対照研究を行うことにより共通語（標準語）だけを見ていたのでは捉えにくい面がより捉えやすくなることが期待できる。こうした研究は、「方言文法」と呼ばれる分野の確立にともなって、既に具体的な成果を収めつつある（工藤真由美「日本語の多様性へのまなざし」『国語学会二〇〇二年度秋季大会予稿集』）など参照）。これは異なった言語体系を対照する方法に基づくものであるが、近藤泰弘『日本語記述文法の理論』（ひつじ書房、二〇〇〇）は現代語の文法と古典語の文法の対照という方法を提案しており、これも対照研究の一つの行き方である（対照研究の方法については、井上優「日本語研究と対照研究」（『日本語文法』一巻一号（二〇〇一）など参照）。

ところで、現代語の文法と古典語の文法を対照するというのは、現代日本語を通時的な観点から観察することにつながっていく。通時的な観点の中心は、現代語がどのような変化の過程を経て現在のような体系になったのかという課題である。現代語の体系は時間とともに変化していく一局面を取り出したものであるから、その体系をより正確に捉えるためには、それがどのような変化の局面にあるのかを理解する必要がある。これがもう一つのキーワードである通時的パースペクティブである。最近よく話題になる「文法化」の問題などを考える場合には、通時的パースペクティブを導入することが不可欠である。

以上述べたように、母語（現代日本語）の文法を相対化するには対照研究（私は「言語対照」という言い方を採りたいと思う）の手法と通時的パースペクティブが重要な役割を果たすわけであるが、私は特に諸言語との対照に力を入れたいと思う。できるだけ広範な言語と対照すること、とりわけ東アジアを中心としたアジアの諸言語との言語対照を行う必要があると考えている（益岡隆志『命題の文法』（くろしお出版、一九八七）の第一部参照）。諸言語との対照の実践には、各言語の専門家が参加する共同研究という形態が望ましい。言語研究の細分化が進行している今日、個人でできることは限られてはいるが、共同研究などによる情報交換・意見交換を通じて関係者が視野を広げるように努めていくことが大切ではないかと思う。

次に、「一般化の追究」と「意味分析の深化」について。記述文法は具体的な文法現象（データ）の観察をもとに、そこから規則性を取り出そうとするものであるが、そこで大切なことは、それらの規則性をできるだけ一般化するということである。そうすることによって、表面的な、浅いレベルでの規則性というものから、より本質的な、深いレベルでの規則性というものにたどり着くことが可能になる。現実の具体的な現象を注視しながら、そこを超えて、その背後にある文法の本質的な部分に迫っていこうということである。身近でなにげない現象から隠れた法則性を探り出そうという問題意識であり、これからの記述文法研究に求められる大きな課題であると考えられる（一般化の重要性については、益岡隆志『モダリティの文法』（くろしお出版、一九九一）の序章で指摘しておいた）。

そのような一般化の追究のなかで、特に力点を置きたいのが意味分析である。これがもう一つのキーワードの意味分析の深化である。私はこれまでに受動構文、受益構文、テアル構文、補助動詞構文などの諸構文を対象に意味分析を試みたが、そうした試みを通して、構文の多義性というものに興味を持つようになった。構文の多義性のあり方を深いレベルで捉えるためには、静的な意味記述ではなくて、個々の意味相互の関係を動的に捉える観点が必要となる。「動的意味分析」とでも呼ぶべき分析方法である。より具体的には、基本となる意味特性からどのようにして派生的な意味特性が出てくるのか、抽象的な意味が具体レベルでどのような個別的な意味として出現するのか、さらには、萌芽的な意味がどのようにして明示的な意味に成長するのかといった、意味にかかわる動的なプロセスが捉えられないものかと思っている。言語学における近年の意味研究には認知言語学と呼ばれる研究パラダイムによるアプローチがあり、ここで話題にしたような意味分析を進めていくうえで重要な指針を与えてくれる。

ところで、拡大記述文法の提唱は、日本語記述文法の新たな展開ということを模索するなかから生まれた。そこには、日本語記述文法がある種の飽和点に達したのではないかという認識が働いている。観点を換えて言えば、基礎研究に関するかぎり、母語研究としての日本語文法研究というフィールドを開拓し定着させたと考えられる日本語記述文法研究の大きな役割は終わったと言ってよいだろう。これからは、日本語研究のなかに定着した母語文法研究をどう進めていくべきかということが問われるだろう。ここで「拡大記述文法」と呼んだものは、今後あるべき母語文法研究の姿にほかならない。だとすれば、わざわざ「拡大記述文法」という特別な名称を冠するには及ばないだろう。このような判断から、今後は「拡大記述文法」という有標的な名称を用いることは避け、代わりに、「文法論」という無標的な名称を使用することにしたい。

こうして、拡大記述文法という名称は取り下げることになったわけであるが、ここで拡大記述文法と呼んだものの萌芽が三上・寺村文法において認められるということは説明しておく必要があるので、以下、この点に触れることにしよう。

三上の文法研究は、諸言語との対照研究、通時的パースペクティブ、一般化志向、という特徴を持っている。まず、諸言語との対照という観点については、主語・主題の問題は言うに及ばず活用論などでも、対照研究の観点(さらに言えば、類型論的な観点)に重きが置かれている。三上の主語否定論は、既に指摘したように、対照研究的・類型論的観点から立てられたものであり、日本語内部だけの問題として捉えたのではその主張を読み違えることになる。三上の主語否定論が現代言語学の分野でしばしば取り上げられることになったのは、そうした背景があるからである。活用論についても、西洋語との対照という観点を抜きにしては三上の主張を受け止めることはできないだろう。三上の活用の分析は西洋文法的であり、主語否定論の論調とは大きく異なるのであるが、三上が国内の伝統的な活用の分析に否定的だったのも、西洋語との対照による結果である。主語に関してそれまでの西洋文法的な見方を否定する一方で、活用に関しては国内の伝統的な見方を採らなかったということについては、対照研究の観点が大きく作用していることを見逃してはいけない。

三上文法にはまた、通時的なパースペクティブがあった。日本語の共時的な文法体系を構築しようとしたのではあったが、言語変化という側面にも無関心ではなかった。とりわけ、既に指摘したように、言語学でいう「文法化」に相当する見方を持っていたことは注目すべきである(動詞がその本来の性質を失い「形式化」する、といった興味深い事例が取り上げられている)。文法を静的な体系の側面だけでなく、動的に変化していくものとしても捉えていたわけである。

もう一つの一般化志向というのは、現象の細部の記述だけでなく、その背後にある一般的な規則性にも目を向けようとする三上の姿勢のことである。「単式・軟式・硬式」という三式の考えやプロトタイプ的なカテゴリー論がその例である。単式・軟式・硬式という三式の考えは、係りの部分と係られの部分のあいだの力学的な関係を一般化して表現しようとしたものであり、三上文法の真髄の一事例である。また、明示的に述べられているわけではないが、文法にかかわる種々のカテゴリーが相互に連続的であるというプロトタイプ的なカテゴリー論の考えが三上文法の随所にかいま見られる。その一例は品詞論である。品詞相互のあいだや品詞の下位カテゴリー相互のあいだに連続性が認められるということを三上は力説している。

一方、寺村の文法研究には対照研究の観点と意味分析の深化という問題意識が認められる。寺村は自身の文法研究において外国語との対照を重視しただけでなく、共同研究により諸言語との対照研究を実践している。大規模な対照研究を進めるためには、個別言語の専門家の協力による共同研究が必要である。寺村は大阪外国語大学在職中に音声の対照と格の対照の共同研究のプロジェクトを推進し、講座『日本語学』（明治書院、一九八二）では諸言語との対照研究を扱う三つの巻の編集を担当した。このように、寺村は単なる理念としてではなく、具体的な実践として対照研究に取り組んだのであった。

寺村はまた、意味分析に対しても多大な貢献をした。意味という捉えがたい対象を形式（具体的には、構文）を通して把握しようとした。寺村の意味へのこだわりは主著『日本語のシンタクスと意味』の序章における意味の整理によく現れている。さらに、晩年に書かれた「意味研究メモ―その1―」（『阪大日本語研究』一号、一九八九）では、独自の意味論への取り組みに着手している。寺村の意味論の全貌が姿を現すことはついになかったが、寺村が意味というものに対して言語学的な関心を寄せていたことは間違いない。

こうして見ると、三上と寺村に共通するのは対照研究に対する強い関心である。三上と寺村は、日本語の仕組みに対する認識を真に深めるには、諸言語と対照することにより日本語を相対化・客観化することが重要であると考えていたのだろう。二人のこのような問題意識をどう受け継ぎどう生かしていくかは、後続の日本語文法研究者が担うべき重要な課題である。

四節　日本語参照文法

次に、もう一つのテーマである実用文法について考えていることを少し書いておきたいと思う。実用文法とは、他の分野にどのような貢献ができるかを考察する応用的研究である。どのような分野を想定するかによって実用文法の内容は違ってくるだろう。ここでは、寺村文法とのかかわりが深い日本語教育の場合を取り上げることにする。

日本語教育と日本語文法とのかかわりは、日本語教育の歴史において長く話題になってきた(関正昭『日本語教育史研究序説』(スリーエーネットワーク、一九九七)参照)。日本語教育における「文法離れ」を耳にするようになって久しいが、日本語教育が直面する問題の多様化にともなって文法の占める比重が相対的に低下するのは自然なことである。ただ、相対的な比重の低下ということと、文法が引き受ける役割の重要性ということとは分けて考える必要があるように思う。今日でも、学習者や教師が文法に関係する多種多様な問題で苦労していることに変わりはないので、日本語文法と日本語教育が水と油のように分離してしまってはいけないと思う。

それでは、日本語文法研究が日本語教育に対して貢献できるのはどのような点だろうか。一般論を述べることは別の機会にゆずることにして、ここでは、私が個人的に関心を持っている一つのテーマに限定することにしたい。それは、日本語教育に生かせるような参照文法（レファレンスグラマー）の作成という問題である。参照文法の作成にあたっては、文法情報を包括的に提供するということが何よりも重要である。包括性が体系性よりも優先されるということである（文法論では、包括性よりも体系性のほうが優先される）。

現在のところ、誰もが利用できる日本語参照文法はまだ公刊されていないようであるが、参照文法にも初級・中級・上級というように、情報量の多寡によるいくつかの段階があってもよいだろう。私自身が作成にかかわった『基礎日本語文法―改訂版―』（くろしお出版、一九九二）は、特に日本語教育のための参照文法をめざしたものというわけではないが、参照文法として読み替えた場合、初級段階のものに相当すると思う。これから取り組む必要があると考えているのは、それよりも情報量の多い中級段階のものである。日本語文法の記述的研究が豊かな成果を挙げてきている現在、この段階の参照文法を作成することは十分に実行可能である。信頼にたる参照文法を作成することは、日本語文法研究者が引き受けなければならない役割であると言える。

日本語文法の応用的研究が取り組むべき課題は、参照文法の作成ということ以外にも、いろいろ挙げることができるだろう。そうした幅広い課題と向き合うことは、寺村秀夫がめざした方向と一致するはずである。寺村の全貌を語ろうとするときには、日本語教育での活動を忘れるわけにはいかない。

五節　おわりに

最後に、三上と寺村の文法研究の基本思想とでも言うべきものに触れておきたい。二人の基本思想は「開かれた地域主義」とでも名づけることができるだろう。ここでいう「開かれた地域主義」とは、地域的なものを基本としながらも、そこに閉じこもるのではなく、外につながっていこうとする姿勢のことである。言語に当てはめて言えば、日本語に軸足を置きながらも、日本語の世界に閉じこもるのではなく、他言語に開かれそれらと交流可能な世界を考えていこうという立場である。この立場は、国内の日本語研究の伝統にとどまろうとするものでもなく、また、海外の言語研究の流れを摂取しようとするものでもない。日本語という地域的なものと向き合いつつ、それを他言語との交流の場で一般化・相対化していこうとする。その意味において、「日本の言語学」の一つのあり方と言ってよい。三上から寺村へという学統はそのような日本の言語学を追い求めた一つの道程である。寺村の「日本文法のゆくえ」（『月刊言語』一九八一年一月号）の結びの言葉を引用して、本書を閉じることにしよう。

将来、日本人のほうから、あるいは日本語を研究する外国人のほうから、日本語研究をとおして一般的な言語理論が打ち出されるというのも案外夢ではないかもしれない。（p.八四）

あとがき

人が誰と出会うかは運命的であり、その出会いによってその人の人生が決まるように思われる。自分で決めたように思っていても、実際は環境の影響が決定的なのであろう。私は寺村秀夫と偶然出会った。当初、私は寺村との出会いを運命的なものとは考えていなかった。だが、実際には、私の研究人生は寺村との出会いによって決まったようである。寺村との出会いが三上章への導きとなり、そして、本書を書くことになった。本書は、前代の研究者の業績を自分の観点から捉えて文章にするという、私にとっては未知のジャンルへの挑戦だった。かなりの時間をかけてまとめてみたが、書き終えた今でも二人の文法研究を確実に捉え得たという実感はない。それでも、本書を書いたことにより、三上章と寺村秀夫という二人の巨匠のフロンティア精神を改めて確認することができたのは幸いだった。

本書の執筆を励ましてくださった寺村照代さん、仁田義雄さん、野田尚史さん、私の神戸市外国語大学大学院での授業に参加して三上文法と寺村文法の世界をいっしょに探検してくれた受講生の皆さん、草稿に目を通していただいた澤田浩子さん、そして、三戸ゆみ子さんをはじめとするくろしお出版の皆様に深謝いたします。また、三上の博士論文『構文の研究』の刊行を許可された三上シゲさんにも感謝申し上げます。

本書を三上章と寺村秀夫の霊前に捧げる。

二〇〇三年五月一〇日　神戸にて

益岡隆志

著者　**益岡隆志**（ますおか たかし）

1950年　岡山市生まれ。
1974年　大阪外国語大学外国語学部英語学科卒業。
1976年　同大学院外国語学研究科英語学専攻修了。
2008年　博士（文学），神戸大学。
神戸市外国語大学名誉教授。現在，関西外国語大学教授。
著書に『命題の文法』(1987年),『モダリティの文法』(1991年),『複文』(1997年),『日本語文法の諸相』(2000年),『日本語モダリティ探究』(2007年),『日本語構文意味論』(2013年),『日本語文論要綱』(2021年)。いずれも，くろしお出版。

三上文法《みかみぶんぽう》から寺村文法《てらむらぶんぽう》へ
日本語記述文法《にほんごきじゅつぶんぽう》の世界《せかい》

著者　益岡隆志《ますおかたかし》

2003年11月15日第1刷発行
2023年　4月　5日第3刷発行

発行人　岡野秀夫
発行所　くろしお出版

〒102-0084
東京都千代田区二番町4-3
TEL.　03-6261-2867
FAX.　03-6261-2879
http://www.9640.jp

装丁　庄子結香
組版　mariposa
印刷・製本　シナノ書籍印刷

ISBN978-4-87424-290-2